V&R

Reiner Knieling

Plädoyer für
unvollkommene Gemeinden

Heilsame Impulse

2., unveränderte Auflage

Vandenhoeck & Ruprecht

MANFRED SEITZ
*zum 80. Geburtstag
in Dankbarkeit gewidmet*

Bibliografische Information der Deutschen Nationalbibliothek

Die Deutsche Nationalbibliothek verzeichnet diese Publikation in der
Deutschen Nationalbibliografie; detaillierte bibliografische Daten sind
im Internet über http://dnb.d-nb.de abrufbar.

ISBN 978-3-525-57000-5

Umschlagabbildung: P. Picasso, Spiel am Strand und Rettung,
www.akg-images.de

Vor einigen Monaten hörte ich einen Vortrag über Ge-meindeaufbau. Der Referent war begeistert von seinen Ideen und ich konnte anfangs der inhaltlichen Grundaus-richtung durchaus zustimmen. Aber bald merkte ich: Ir-gendetwas stimmt hier nicht. In der anschließenden Ge-sprächsphase sagte ich zu meiner Nachbarin: „Das ist alles so super. Wenn ich im Himmel wäre, würde ich unein-geschränkt zustimmen! Allein: Ich sehe nur ganz wenige Menschen, die in diese Konzepte passen." Seitdem be-schäftigt mich folgende Frage: Was ist, wenn Menschen anders sind, als es Gemeindekonzepte und Kirchenreform-programme vorsehen?

Kürzlich sprach ich mit einer Verkaufstrainerin einer edel-schnellen Automarke, die ich nach Langem einmal wiedertraf. Sie erzählte, wie sie das Verkaufspersonal auf neue Konzepte einstellt. Und sie war begeistert da-von. Ich fragte: „Was machst du, wenn die Menschen nicht in die neuen Konzepte passen?" Lapidare Antwort: „Dann müssen sich die Menschen anpassen. Oder wir su-chen andere Menschen. Ohne Verluste geht es nicht." Sie konnte nicht verstehen, dass ich als „Wort-Gottes-Ver-kaufs-Trainer", wie sie mich bezeichnete, so nicht den-ken kann und will.

Vor diesem Hintergrund erscheint mir die Frage noch wichtiger: Was ist, wenn Menschen anders sind, als es Gemeindekonzepte und Kirchenreformprogramme vor-sehen? Oder anders: Welche Rolle spielen in den vielfäl-tigen Diskussionen um Gemeinde und Kirche Kategorien wie Anfänglichkeit und Fragment? In der Wirklichkeit sind Anfänglichkeit und Fragment allgegenwärtig, in Beratungsprozessen sind Unvollkommenes und Brüche unübersehbar, aber in der Literatur über Gemeindekonzepte und Gemeindeentwicklung tauchen sie fast nicht auf.

Deshalb plädiere ich für unvollkommene Gemeinden. Ich habe den Titel gewählt, weil ich ein Gegengewicht zu den allgegenwärtigen Optimierungserwartungen setzen möchte. Er wäre missverstanden, wenn daraus abgeleitet würde, dass Gemeinden vor allem unvollkommen sein sollen und möglichst darauf hin gearbeitet werden soll. Es geht vielmehr um eine Arbeit an Verbesserungen, die die Grenzen dieser Welt und die menschlichen Unzulänglichkeiten ernst nimmt und nicht nur überwinden möchte, sondern zunächst einmal aushält. Es geht darum, wahrzunehmen und wahrhaben zu wollen, dass es Brüche, Unvollkommenheiten, Fragmente gibt, deren Vollendung für diese Welt weder möglich noch verheißen ist.

Es geht dabei auch um die Entlarvung einer kirchlichen Optimierungsdynamik, die m. E. eher Allmachtsphantasien offenbart, als dass sie der Gemeindearbeit dient. Wir sind als Kirchen eben verwoben mit gesellschaftlichen Optimierungszwängen und eingebettet in den großen Strom der Fortschrittsdynamik, ganz gleich, ob wir das wahrhaben wollen oder nicht. Und ich vermute: Manchmal übertreffen wir die gesellschaftliche Dynamik aufgrund unserer gefühlten Verbundenheit mit dem Allmächtigen sogar. Sollten wir für Gemeindeaufbau, Gemeindepädagogik und Gemeindeentwicklung eine Zeit lang *Gemeindeoptimierung* sagen, damit wir spüren, was wir tun?

Im ersten Teil des Buches entfalte ich verschiedene Facetten des Unvollkommenen: Zunächst skizziere ich verschiedene Gemeindekonzeptionen der letzten Jahrzehnte (Kirchenreformprogramme, Gemeindepädagogik, missionarischer Gemeindeaufbau, Gemeindeberatung) und befrage sie nach ihrem Umgang mit Anfänglichkeit und Fragment, mit Unvollkommenheiten und Brüchen (1.). Anschließend gehe ich auf biblische Spurensuche zu den Aspekten Gemeinde, Anfänglichkeit, Fragment (2.) und differenziere verschiedene Aspekte des Unvollkommen und der damit verbundenen Optimierungsversuche (3.). Schließlich frage ich nach Wahrnehmungshindernissen und entfalte, was wir davon hätten, wenn wir hinschauen würden (4.). Im zweiten Teil des Buches gehe ich der Frage nach, was dem Umgang mit Anfänglichkeit und Fragment, mit Unvollkommenem und Brüchen, oder anders ausgedrückt: was den Gemeindegesundungsprozessen dienen könnte. Neben grundsätzlichen Überlegungen (5.+6.) geht es um Optimieren (7.), Anregungen von außen (8.), Tun und Lassen (9.) und Aushalten (10.), um Humor (11.), Trauer (12.) und Spiritualität (13.). Abschließend hilft ein Leitfaden, Unvollkommenes in der eigenen Gemeinde anzuschauen und gleichzeitig das vorhandene Potenzial neu zu entdecken (14).

Das Buch geht auf die gleichnamige Antrittsvorlesung zurück, die ich als Privatdozent im Juni 2007 an der Kirchlichen Hochschule in Wuppertal gehalten habe (veröffentlicht in: ThBeitr 39, 3/2008, 146–162). Die Resonanz auf die Vorlesung hat mich ermutigt, weiter an dem Thema zu arbeiten und ein kleines Buch daraus zu machen. Rückfragen haben mich zum Weiterdenken und Präzisieren gezwungen und auf zusätzliche Spuren gelockt: Ich danke dem Kollegium der Kirchlichen Hochschule in Wuppertal und den Mitgliedern des „Initiativkreises Kontextuelle Evangelisation" für wertvolle Anregungen. Den Gemeindepfarrerinnen und -pfarrern, die Einblick in ihre Erfahrungen gaben, danke ich für ihre Offenheit.

Wuppertal, im März 2008   Reiner Knieling

P. S.: Zitate gebe ich in aktueller Rechtschreibung wieder. Außerdem gebrauche ich an einigen Stellen die Wir-Form, weil ich mich selbst einbeziehe, nicht weil ich vereinnahmen will.

Inhalt

I. Unvollkommenheit hat verschiedene Facetten

1. Die Konzeptionen und die Wirklichkeit

Für unvollkommene Gemeinden plädiere ich vor dem Hintergrund der Gemeinde- und Kirchendebatte der letzten Jahrzehnte. Deshalb skizziere ich zunächst verschiedene Konzeptionen und befrage sie nach ihrem Umgang mit Anfänglichkeit und Fragment, mit Unvollkommenheiten und Brüchen.

Kirchenreform, Konziliarität und Gemeindepädagogik

Die Sehnsucht nach Frieden und nach einem fairen Miteinander auf dieser Welt bestimmte weitgehend die Diskussion des Ökumenischen Rates der Kirchen in der Zeit nach dem 2. Weltkrieg. Die Brutalität der Weltkriege, Hunger und Not, Gewalt und Zerstörung in diesem Ausmaß, das sollte es nie mehr geben! Dafür kämpften die Kirchen und davon war die Reformdebatte in den 60er und 70er Jahren geprägt. Unter Bonhoeffers Leitwort „Kirche für andere"[1] sollte die „Tagesordnung der Welt" zum Programm gemacht werden.[2] Es ging darum, den Schalom,

---

1 Bonhoeffer, Widerstand und Ergebung, 193.
2 Vgl. Ratzmann, Gemeinde.

ein heiles menschliches Miteinander in der Welt, herbeizuführen oder wenigstens zu fördern. Ende der 80er Jahre
erwuchs daraus das Engagement für „Frieden, Gerechtigkeit und Bewahrung der Schöpfung".

Innergemeindlich sollte das Miteinander durch Konzi-
liarität eingeübt und verwirklicht werden. Entsprechend
wurde in der *Gemeindepädagogikdebatte* Gemeinde zunehmend als „*Lernort*" verstanden, an dem verschiedene Arbeitsbereiche und Handlungsfelder vernetzt sind
und voneinander und miteinander in einem gemeinsamen Prozess lernen.[3] Zum Symbol dafür wurde der
‚runde Tisch', an dem verschiedene (Interessen-)Gruppen
um gemeinsame Ziele ringen und Schritte auf dem Weg
dorthin formulieren.[4] Die Vision war, dass sich in der
Kirche möglichst viele Gemeindeglieder auf ihre Weise
aktiv beteiligen. An die Stelle dieser Vision ist sowohl in
der gemeindepädagogischen Diskussion als auch in der
gegenwärtigen Strukturdebatte eine realistischere Sicht
der *Beteiligungskirche* getreten, in der Menschen sich beteiligen und Verantwortung übernehmen *können*, aber
nicht müssen.[5] Menschen werden eingeladen mitzuar-
beiten, aber nicht dazu verpflichtet, zumindest in der
Theorie. Dass die Praxis manchmal eine Eigendynamik
entfaltet, ist auch klar. So bleiben spannende Fragen:

- *Was macht der potentielle Ehrenamtliche, wenn er den
  Eindruck hat, dass er vor allem Handlanger für die
  Hauptamtlichen ist – oder Lückenbüßer, wenn Stellen
  gestrichen werden?*

- *Was macht die Pfarrerin mit innovativen, gemeindepädagogischen Ideen, wenn sie in eine Gemeinde kommt,
  die sie dafür nicht begeistern kann? Was macht sie,
  wenn keine Mitarbeiter/-innen da sind und im Moment
  auch keine zu gewinnen sind?*

3 Vgl. Zeitschrift „Lernort Gemeinde".
4 Vgl. Foitzik, Mitarbeit; Lindner, Kirche, 1994 und 2000.
5 Vgl. z. B. Bäumler/Mette, Gemeindepraxis; Ruddat, Gemeindepädagogik.

Um Beteiligung geht es auch in der Diskussion um den *missionarischen Gemeindeaufbau* innerhalb und außerhalb der Volkskirche. Diese Diskussion hatte in den 80er Jahren des 20. Jahrhunderts ihren Höhepunkt und ist mit ihren Grundideen weiterhin wirksam. In der sog. „Missionarischen Doppelstrategie" der VELKD ging es um die Öffnung der Kirche nach außen und um die Verdichtung nach innen.[6] Im Sinne der Öffnung wurden als niederschwellige Angebote verschiedene Glaubenskurse, z. B. *Christ werden – Christ bleiben* oder *Cursillo,* entwickelt. Dass die Glaubenskurse de facto häufig eher der Verdichtung dienen, stört nicht.

Der Herner Superintendent *Fritz Schwarz* kämpfte für „überschaubare Gemeinden", in denen Menschen gemeinsam „hören und beten, feiern und arbeiten" und so gestärkt werden, das Evangelium auf einfache Weise zu sagen und andere Menschen zum christlichen Glauben und in die Gemeinde einzuladen.[7]

Gegenwärtig werden Ideen aus der deutschen Gemeindeaufbaudebatte und Anregungen aus der weltweiten Ökumene, z. B. aus der englischen Church-Planting-Bewegung und der Chicagoer Willow Creek Community, im Greifswalder Institut für Evangelisation und Gemeindeentwicklung untersucht.[8] Gute Konzepte werden vorgestellt, analysiert, weiterentwickelt. Und sie sind zu befragen.

- *Im Blick auf Willow Creek und entsprechende deutsche Adaptionen ist z. B. zu fragen: Was macht ein Prediger mit rhetorisch mittelmäßiger Begabung und durchschnittlicher Ausstrahlung mit einem Gemeindeaufbaukonzept, das auf ansprechende, persönliche und ausstrahlungskräftige Verkündigung setzt?*

6 Vgl. Zur Entwicklung der Kirchenmitgliedschaft.
7 Vgl. Schwarz/Schwarz, Theologie, 128; Schwarz, Gemeinde, Bd. 1, 12; Bd. 2, 71–126.
8 Vgl. z. B. Zimmermann, Gemeinde, und insgesamt die Reihe BEG.

- *Was macht ein Dorfpfarrer in Brandenburg, der neun Gemeinden zu versorgen hat, die mehr oder weniger unter dem Wegzug der Jungen leiden, mit einem Gemeindeaufbauprogramm, das eine gewisse Anzahl engagierter Mitarbeiterinnen und Mitarbeiter voraussetzt, die am Ort einfach nicht zu finden sind, ganz abgesehen vom technischen Equipment und Know-how?*

- *Im Blick auf die verschiedenen geistlichen und theologischen Strömungen in der Kirche ist zu fragen: Was macht die Pfarrerin, die in eine missionarische Gemeinde kommt, deren spezifische Prägung aber nicht von Herzen unterstützen kann? Was macht der missionarische Jugendreferent, wenn er in Gemeinden kommt, die andere Schwerpunkte haben und das missionarische Engagement in der Weise, wie er es ausübt, nicht wirklich wollen? Das stellt sich ja manchmal erst nach einigen Monaten heraus.*

Gemeindeberatung

Manche Gräben können durch *Gemeindeberatung* überwunden werden, deren Dienst nicht zu unterschätzen ist. Bei der Gemeindeberatung geht es nicht um ein bestimmtes Bild von Gemeindeaufbau, -wachstum oder -entwicklung, nicht um eine missionarische oder gesellschaftspolitische bzw. emanzipatorische Konzeption, sondern um den Dienst an einer Gemeinde. Gemeindeberatung geschieht, wenn es gut läuft, auf der Basis vorhandener Konzeptionen, die im Beratungsprozess weiterentwickelt und modifiziert werden können, die aber nicht grundsätzlich in Frage gestellt werden, nur weil der Berater oder die Beraterin einer anderen Konzeption verpflichtet ist. Ein Kollege, Gemeindeberater und leidenschaftlicher Autofahrer, fand folgendes Bild für eine vorläufige Zuordnung: „Wenn die verschiedenen Konzeptionen von missionarischem Gemeindeaufbau bis zu Kirchenreformprogrammen verschiedene Automarken von Kia bis Porsche sind, ist in meinen Augen Gemeindeberatung so etwas wie der

ADAC. Das Verbindende ist: Beide ermöglichen Mobilität. Der Unterschied ist: Das eine sind Autos und ihre Fahrer/-innen, die anderen unterstützen in kleineren und größeren Notfällen, damit die Fahrt fortgesetzt werden kann."

Gemeindeberatung dient der Gemeinde. Das Miteinander wird verbessert, Kommunikation wird eingeübt, Ziele werden gemeinsam entwickelt, Unterschiede benannt, Konflikte bearbeitet, Vereinbarungen getroffen usw. All dieses Positive stelle ich nicht in Abrede, wenn ich auch hier offene Fragen benenne:

- *Was macht die Gemeindeberaterin, die merkt, dass ihre Anregungen bei der Gemeinde nicht auf Resonanz stoßen, obwohl ihr ihre Ideen so plausibel erscheinen?*

- *Was macht das Presbyterium, das durch eine externe Gemeindeberatung Grundregeln der Kommunikation gelernt hat und einige Monate besser miteinander umgehen konnte, jetzt aber wieder in die alten Muster zurückfällt?*

Ich habe verschiedene Gemeindeberaterinnen und -berater gefragt: „Fällt euch Gemeindeliteratur ein, in der Anfänglichkeit und Fragment, Brüche und Unvollkommenes nicht nur marginal vorkommen?" Die häufigste Antwort war: „Gute Frage." Und den meisten fiel auf Anhieb nichts ein. Nach einigem Überlegen wurden dann wenige Titel genannt. Dabei fällt auf: Grenzen und Scheitern, Unvollkommenes und Brüche werden zwar benannt, aber sie werden als etwas dargestellt, das es zu erweitern oder zu überwinden gilt. *Dass Grenzen in manchen Fällen nicht überwunden werden, sondern nur akzeptiert, ertragen und manchmal erlitten werden können, ist in der Literatur in der Regel nicht vorgesehen.* Dass Dinge unvollendet bleiben, dass Kommunikation nicht nur von Liebe und gegenseitiger Anerkennung getragen ist, dass manche Brüche auch beim nächsten Mal nicht zu vermeiden sein werden, wird so deutlich selten bis gar nicht gesagt. Genau das aber wäre wichtig, um nicht unrealistische Erwartungen zu nähren und anschließend umso größere Enttäuschungen zu provozieren (vgl. Kapitel 4).

Ich wähle als Beispiel die epd-Dokumentation Nr. 18/2006. Der Titel beschreibt das Programm: *Aus Fehlern lernen? Scheiternde Projekte in einer lernenden Kirche.* Aus Fehlern soll gelernt werden, was in Zukunft vermieden werden möge. Als Beispiele dienen die Kölner Öffentlichkeitsoffensive „misch dich ein!", das Evangelische Münchenprogramm (eMp), beides aus den 90er Jahren des 20. Jahrhunderts, und Reformprojekte der badischen Kirche.[9] Gelungenes wird ebenso benannt wie Misslungenes, um dann auf den Lernprozess zu verweisen, der durch das Scheitern ausgelöst wurde oder um „Erfolgsfaktoren kirchlicher Projektarbeit" zu entwickeln.[10]

Damit mich niemand missversteht: Das alles ist wichtig und gut. Das Problem ist nicht, was dort geschrieben wird, sondern was nicht geschrieben wird. Ich vermisse die Seite, die es im Leben auch gibt: wenn die Lernfähigkeit begrenzt ist, wenn Scheitern nur akzeptiert und auch das nächste Mal nicht wirklich vermieden werden kann. Weil das zur Wirklichkeit gehört, wird z.B. in der Gemeindeberatung in Rummelsberg (ELKB) mit sog. ‚Freisprüchen' gearbeitet. Eine Gemeinde wird davon frei gesprochen, jetzt dieses tun und sich um jenes kümmern zu müssen. Gemeinden werden entlastet.

Solche Ausnahmen scheinen aber den Weg bis in die Gemeindeentwicklungs- und -beratungsliteratur noch nicht gefunden zu haben. Die Literatur erweckt insgesamt den Eindruck, dass es immer um die Verbesserung der bestehenden Praxis gehe. Das führt häufig zur Über-

---

9 Die Projekte werden jeweils durch Beteiligte vorgestellt und befragt: Günter A. Menne, Peter Barrenstein, Ulrich Fischer.

10 Ebd., 35f. – Grenzen und Scheitern als etwas zu Überwindendes finden sich z.B. auch in: Arbeitsbuch Ökumenische Gemeindeerneuerung, 14.16f u.ö.; Hendriks, Gemeinde von morgen, 32f. Im Ton ähnlich wirkt Psychologie heute, 1/2004, Titel: Gescheitert? – so nutzen Sie die Chance zum Neubeginn. Wesentlich nüchterner und realistischer dagegen erscheint die Zeitschrift Organisationsentwicklung 1/2007 mit dem Schwerpunktthema: Sinnvoll Scheitern.

forderung und nicht selten dazu, dass sich gar nichts ändert, weil der Berg des Zu-Verändernden so groß erscheint. Viele resignieren schon beim Anblick.

Was zu verbessern ist, wird je nach Konzeption unterschiedlich konkretisiert. Es geht darum, die Hauskreise zu fördern und zu vervielfältigen, die Gottesdienste zeitgemäßer zu gestalten, die Stufen am Gemeindehaus und sonstige Barrieren zu beseitigen, die Beteiligungsmöglichkeiten zu optimieren, die Begleitung an den Knotenpunkten des Lebens zu intensivieren, die lebenskundliche Deutungskompetenz zu steigern usw.[11]

„Kirche der Freiheit"

U. a. wegen der Formulierung konkreter Ziele ist das EKD-Impulspapier *Kirche der Freiheit* zum echten Diskussionspapier geworden. Mich beeindruckt, dass *Kirche der Freiheit* Perspektiven eröffnet und sich nicht mit dem status quo abfindet. Es ist einmal *nicht* der resignative Ton, der sonst so oft bei Kirchens zu hören ist: ‚Bis zum Jahr 2030 wird die Zahl der Kirchenmitglieder um ein Drittel zurückgehen und das Kirchensteueraufkommen sich halbieren.' Unausgesprochen ist meistens damit verbunden: ‚Daran können wir leider nichts ändern.'

Zu erwartende oder zu befürchtende Entwicklungen werden in dem Impulspapier ernstgenommen. Aber das Papier bleibt nicht dabei stehen. Es findet sich nicht damit ab, sondern setzt Gegenakzente und formuliert konkrete Ziele, die bis 2030 erreicht werden (sollen): Der Gottesdienstbesuch wird von 4% auf 10% aller Mitglieder erhöht und die Kirchenmitgliedschaft bei ca. einem Drittel der Bevölkerung gehalten. Verschiedene Gemeindeformen existieren gleichberechtigt nebeneinander und jede Region hat wenigstens einen Ort besonderer geistlicher Ausstrahlung, z. B. eine Gemeinde mit besonderem

11 Vgl. z. B.: Ruddat, Behinderte; Kunz-Herzog, Gemeindeaufbau, 287; Gräb, Lebensgeschichten, 92; Kumlehn, Kirche und Religion, 176.

Gepräge, eine Kommunität etc.[12] Die geistliche Kompetenz, das Qualitätsbewusstsein und die Leistungsbereitschaft der kirchlichen Mitarbeiterinnen und Mitarbeiter erhöht sich und dafür werden mindestens 5 % der Personalkosten in die Fort- und Weiterbildung gesteckt.[13] Um der Konzentration der kirchlichen Arbeit willen wird die Zahl der Landeskirchen halbiert.[14] All diese Ziele sind so formuliert, als ob es keinen Zweifel daran gäbe, dass sie erreicht würden. Das reizt, kann motivieren, aber genauso konkreten Widerspruch herausfordern.

Manche Verbesserungen sind ja dringend nötig und wünschenswert. Ich wäre nicht Pfarrer und Praktischer Theologe, wenn ich nicht Interesse an Verbesserungen hätte. Und ich habe mich während der Arbeit an diesem Buch in manchen Gottesdiensten gefragt, ob ich wirklich für unvollkommene Gemeinden plädieren möchte: wenn die Banalität der Predigt oder deren nicht erkennbare Gedankenführung nur schwer auszuhalten ist, wenn die häufigen und ungeplanten Dissonanzen im Chor oder die schlechte Lesung wirklich nur ertragen werden können – und das alles in einem einzigen Gottesdienst. Oder: wenn das Osterfeuer wegen Nässe nicht einmal von der Feuerwehr entzündet werden kann, die anschließende Dunkel-Licht-Dramaturgie durch mehrfaches (versehentliches?) Anschalten der Neonbeleuchtung erheblich gestört wird und die Bildbetrachtungspredigt so gar nichts von Osterfreude spüren lässt.

Wenn die Inszenierung schlecht, die Inhalte belanglos und die Beteiligten ohne Leidenschaft sind, muss tatsächlich einiges verbessert werden. Und es ist gut, dass gesamtkirchlich daran gearbeitet wird, nicht nur durch Kurse in *Liturgischer Präsenz*. Doch verbessern heißt eben nicht „vollkommen machen". Ich plädiere *nicht* für schlechte Gemeindearbeit, nicht für schlecht gemachte Gottesdienste, leidenschaftslose Predigten, schwer zu ertragende Chor-

12 Kirche der Freiheit, 52.56f.
13 Ebd., 65.
14 Ebd., 95.

musik etc. Ich plädiere für unvollkommene, unvollendete Gemeinden, die sich dessen möglichst bewusst sind und es sich eingestehen, die manches belassen und ertragen und an anderer Stelle umso bewusster und mit Energie an sinnvollen, nötigen und angemessenen Veränderungen und Verbesserungen arbeiten (vgl. Kapitel 7!).

Das Problem der *Kirche der Freiheit* ist also nicht, dass konkrete Ziele benannt werden. Die sind wichtig und streitbar. Das Problem ist, dass es so wirkt, als hinge das Erreichen der Ziele allein von den kirchlichen Mitarbeiterinnen und Mitarbeitern ab, und zwar v. a. von den Ehrenamtlichen und von den Pfarrerinnen und Pfarrern. Alle anderen Hauptamtlichen wie z. B. Diakone, Religionspädagoginnen, Jugendreferenten, Kirchenmusikerinnen etc. kommen leider nur am Rande vor. Viele Pfarrerinnen, Pfarrer und Ehrenamtliche fühlen sich deshalb zurecht überfordert. Sie wissen ja oft nicht einmal, wie sie die vorhandene Arbeit einigermaßen gut bewältigen sollen. In *Kirche der Freiheit* wird nicht betont, was *nicht* zu tun ist und gelassen werden kann. Es wird nicht gesagt, was Gottes und was unsere Verantwortung ist und wo die Kraftquellen sind, die uns stärken und helfen zu tun, was uns aufgetragen ist.[15]

2. „Wie hat Jesus die Gemeinde gewollt?"

Nachfolge kann ganz unterschiedlich aussehen

„Wie hat Jesus die Gemeinde gewollt?" So hat der katholische Theologe Gerhard Lohfink vor über zwei Jahrzehnten gefragt. Welche Gemeindekonzeptionen würde Jesus unterstützen? Oder genauer gefragt: Welche Anliegen und

---

15 Zur weiteren Auseinandersetzung mit dem Papier vgl. Knieling, Leuchtfeuer; die Diskussion in zeitzeichen, Ende 2006 und 2007; die Novemberausgabe 2007 der Zeitschrift „Evangelische Theologie".

Aspekte aus den verschiedenen Konzeptionen würde er bekräftigen?

Jesus bejaht in seinem Umfeld ganz verschiedene Formen der Nachfolge und des gemeinsamen Lebens. Die zwölf Jünger sind der enge Kreis, mit dem er unterwegs ist. Innerhalb dieses Kreises gibt es besonders Vertraute, wie z.B. Petrus, Jakobus und Johannes (vgl. z.B. Mk 9,2–13 par.). Dieser Zwölferkreis war mit ihm unterwegs, verzichtete auf eine feste Unterkunft, teilte den Alltag mit ihm. Daneben gab es Jüngerinnen (Lk 8,1–3) und die 70 bzw. 72 (Lk 10,1–16), die gelegentlich mit Jesus unterwegs waren bzw. von ihm ausgesandt wurden, ansonsten aber ihren üblichen Aufgaben nachgingen. Außerdem folgten ihm manche, in deren Leben Jesus heilsam eingegriffen hatte. Bei Bartimäus ist das z.B. berichtet (Mk 10,52 par.), ohne dass wir später noch etwas von ihm hören. Entweder ist er Jesus für kurze Zeit im wörtlichen Sinne hinterher gegangen, oder er ist ihm im übertragenen Sinn gefolgt, wie es die Menschen nach Ostern getan haben und tun. Maria, Marta und Lazarus aus Betanien waren Freunde Jesu, ohne dass sie mit Jesus umherzogen (Lk 10,38–42; Joh 11). Aufgrund dieser verschiedenen Lebensformen kam es in der Zeit nach Ostern zu Auseinandersetzungen zwischen denen, die die Nachfolgeworte Jesu besonders ernst und wörtlich nahmen (vgl. z.B. Lk 9,56–62) und denen, die sesshaft waren und in ihrer örtlichen Gemeinde ihr Christsein lebten (vgl. z.B. Mt 18).

„Wie hat Jesus die Gemeinde gewollt?" Darauf lässt sich keine schlüssige Antwort geben, weil christliche Gemeinde erst nach der Kreuzigung und Auferweckung Jesu entstand. Schon weil Jesus nicht mehr leibhaftig anwesend ist, sehen Nachfolge und Gemeinschaft anders aus als zu den Zeiten, als Jesus in Galiläa umherzog.

Dennoch können aus dem biblischen Befund einige Grundlinien abgeleitet werden: *Jesus hat Nachfolge und Gemeinschaft mit verschiedenen Menschen unterschiedlich intensiv gelebt.* Das heißt: Verschiedene Menschen standen in unterschiedlich enger Beziehung zu ihm und haben unterschiedlich viel alltägliches Leben mit ihm geteilt. Und das scheint für Jesus so in Ordnung gewesen zu sein. Er hat zwölf Jünger berufen. Mit 120, 1200 oder 12000 hätte er den Alltag nicht in der Weise teilen können, wie er es getan hat. Er hatte Freunde im Umfeld dieses Kreises, bei denen er gelegentlich zu Gast war und die Teilstrecken seines Weges mit ihm gingen. Vielen Menschen hat er sich ein einziges Mal intensiv und heilsam zugewandt, um dann weiterzuziehen. So sehr Jesus manchen Menschen gegenüber die Radikalität der Nachfolge betont hat, so sehr ist in anderen Texten überhaupt nicht davon die Rede und Jesus scheint bei vielen Menschen, die er heilt, nicht zu erwarten, dass sie mit ihm umherziehen. Bei den 10 Aussätzigen z.B. (Lk 17,11–19) ist nicht das Problem, dass sie Jesus nicht nachfolgen, sondern dass sie sich bis auf einen nicht dankbar zeigen.

Jesus lebt in dem Vertrauen, dass seine Worte ihre Wirkung schon entfalten werden. Und dass sie das auf unterschiedliche Weise tun, scheint für ihn völlig in Ordnung zu sein. Das wird jedenfalls in den verschiedenen Saatgleichnissen vorausgesetzt. Zum Trost für alle, die das Evangelium verkündigen, erzählt Jesus das Gleichnis vom Sämann. Natürlich fällt der Same auf verschiedenen Boden (Mk 4,1–9). Auf fruchtbarem Boden bringt er 30-, 60- oder 100-fach Frucht, nicht 1000- und 10.000-fach! Ich frage manchmal Studierende, ob sie zufrieden sind, wenn sie in ihrem Leben 30-, 60- oder 100-fach Frucht bringen, wenn sie in 30 Dienstjahren „nur“ 30, 60 oder 100 Menschen zum Glauben helfen oder sie darin unterstützen können und wenn die Zahl der Gottesdienstbesucherinnen und -besucher nicht über 30, 60 oder 100 hinauswächst.

Bei der Frage nach der Frucht gilt es, auch ein bisschen selbstkritisch zu sein: Vielleicht wächst manche Frucht, die wir nicht als solche erkennen, weil sie nicht in unsere theologischen Kategorien und Glaubensüberzeugungen passt. So könnte aus missionarischer Perspektive gefragt werden: Warum sollten nicht auch im Bereich der feministischen Theologie oder Befreiungstheologie Früchte wachsen, die die eigene Arbeit bereichern und be*fruchten* können? Und aus missionsskeptischer Perspektive könnte gefragt werden: Warum sollen Früchte nicht auch im missionarischen Bereich wachsen, die die eigene Arbeit bereichern und be*fruchten* können? Manche Früchte sehen anders aus als die eigenen! Und manche wachsen außerhalb des eigenen Gartens und Horizontes!

Auf der anderen Seite mag manches Unkraut sein, was wir als Frucht ansehen, weil es sich so gut in unsere Wunschvorstellungen einfügt.[16] Was für die einen Sanftmut ist, kann für die anderen Feigheit und mangelnder Mut zum Widerstand sein. Was für die einen Konsequenz ihres Glaubens ist, kann für andere politischer Irrtum sein. Manchmal sind Unkraut und Frucht gar nicht eindeutig zu unterscheiden. Deshalb erzählt Jesus das Gleichnis vom Unkraut unter dem Weizen (Mt 13,24–30). Menschliche Beurteilungen sind vorläufig. Was Bestand hat, wird sich erst im zukünftigen Gericht zeigen (vgl. 1Kor 3,12–15).

Unsere Verantwortung –
in, mit und unter den Bedingungen dieser Welt

Biblische Texte über Gemeinde unterscheiden zwischen dem, was *menschliche Verantwortung* ist, und dem *was Gott tut*. Wenn der eine pflanzt und der andere gießt, geht es um die menschliche Verantwortung der Mitarbeiter Gottes (1Kor 3,6–9). Natürlich geht es darum, ein gewisses Gespür für den Boden zu haben und zu wissen, wie viel Wasser zum Gießen ungefähr nötig ist. Aber das Wachsen wirkt Gott. Und innerhalb der Wachstumsprozesse werden nicht nur im 1. Korintherbrief „Schrumpeliges", Unansehnliches, vertrocknete Triebe etc. wahr- und ernstgenommen und gerade nicht übergangen. Die Verbesserungen, um die sich Paulus im 1Kor für die Gemeinde in Korinth bemüht, sind weit weg von jeglicher Vervollkommnung. Auch Pau-

16 Vgl. unten Bonhoeffer in Kapitel 10.

lus' eigener Weg ist ziemlich unvollkommen. Es gab Konflikte, z.B. mit Petrus oder Barnabas, die nicht wirklich gelöst werden konnten: „Und sie kamen scharf aneinander, so dass sie sich trennten. Barnabas nahm Markus mit sich und fuhr nach Zypern. Paulus aber wählte Silas und zog fort, von den Brüdern der Gnade Gottes befohlen." (Apg 15,39f, vgl. Gal 2,11–21) Wie gut ist es, dass das im Neuen Testament nicht beschönigt wird und dass Gott genau durch diese Menschen wirkt!

Was Menschen gelingt und nicht gelingt, geschieht unter den Bedingungen dieser Welt, in der die Sünde als Macht zwar ihr Unwesen treibt, einer Welt, die Gott als ihr Schöpfer aber auch bewahrt und erhält. Dass diese Welt Gottes Schöpfung ist und dass die Gottebenbildlichkeit der Menschen trotz der Sünde nicht vernichtet ist (z.B. Gen 5; Ps 8), bedeutet: Wir nehmen unsere Verantwortung innerhalb der Grenzen dieser Welt wahr. Unser Wirkungskreis ist genauso begrenzt wie die Zeit, die an einem Tag, in einer Woche oder in unserer Lebensspanne zur Verfügung steht. Manchmal habe ich den Eindruck, dass gerade bei Hauptamtlichen in der Kirche die Wahrnehmung dieser Begrenzungen nicht sehr ausgeprägt ist. Deshalb nehme ich diesen Gedanken in Kapitel 10 noch einmal auf.

Innerhalb dieser Grenzen gilt: Es ist natürlich unsere Aufgabe, unsere Verantwortung wahrzunehmen und sie nicht auf Gott abzuschieben. Das wird innerhalb der biblischen Tradition besonders in der Weisheit hervorgehoben (z.B. Sprüche). Dort ist klar: Ich habe Handlungsmöglichkeiten. Und es geht darum, dass ich meine Möglichkeiten ausschöpfe und meine Grenzen respektiere. Als Mensch habe ich eine zwar begrenzte, aber auch nicht zu gering zu schätzende Veränderungsfähigkeit. Man könnte etwas zugespitzt sagen: Nur wer seine Möglichkeiten ausschöpft, wird auch an seine Grenzen stoßen und diese spüren. Er wird spüren, wo das Gelingen nicht mehr von ihm abhängt. Wer seine Möglichkeiten ausschöpft und an seine Grenzen stößt, wird auch die Tragkraft des Kreuzes erfahren, wenn die eigenen Möglichkeiten zerschlagen werden und Ohnmacht und Hilflosigkeit sich breit machen. Das ist etwas anderes, als sich der eigenen Trägheit zu überlassen.

Was Gott tut, ist Anfang, nicht Vollendung

Gottes Wirken, sein Heils- und Erwählungshandeln beginnt einerseits schon in dieser Welt und ist in seiner Wirkung erkennbar. Andererseits ist es nicht selten hinter dem Gegenteil verborgen und wird auf keinen Fall in dieser Welt vollendet. Von einer perfekten, vollendeten, vollkommenen Gemeinde wird im Neuen Testament nicht ausgegangen. Das ist in den Saatgleichnissen der synoptischen Tradition genauso deutlich wie im Johannesevangelium, bei Paulus und in der sonstigen Briefliteratur.[17] Bei *Matthäus* sind die Christen „Salz der Erde" und „Licht der Welt". Die Gemeinden werden aufgefordert das zu sein, was sie von Gott her schon sind (5,13–16). Und weil sie die Barmherzigkeit, die sie von Gott empfangen, nicht einfach weitergeben, werden sie ausdrücklich dazu aufgefordert (z.B. Mt 18,23–35). Bei *Johannes* hören die Schafe auf den guten Hirten. Und weil sie es manchmal auch nicht tun, werden sie zum Hören ermutigt (10,27–30). In der *Apostelgeschichte* geschieht die Erneuerung durch Gottes Geist, der Grenzen sprengt. Das schließt allerdings nicht aus, dass Paulus und Barnabas „scharf aneinander geraten" und sich trennen (s.o.). Im *Hebräerbrief* hat das wandernde Gottesvolk seine Ruhe noch nicht gefunden. Müde Menschen werden zum Festhalten am Bekenntnis der Hoffnung ermutigt (10,23). Für Paulus ist klar, dass Gottes Kraft gerade in der Schwachheit zur Geltung kommt (2Kor 12,10). Das gilt auch für die Gemeinde als Leib Christi. Von Gott her ist die eschatologische Wirklichkeit gesetzt. Weil von Gott her eine neue Wirklichkeit geschaffen ist, sollen Menschen auch entsprechend leben. Aber – und das ist hier entscheidend: Der Leib Christi ist

---

17 Vgl. Roloff, Kirche; Söding, Blick zurück nach vorn.

nicht in dem Maß verwirklicht, in dem es Menschen gelingt zu leben, wozu sie berufen sind. Die eschatologische Wirklichkeit des Leibes Christi ist nicht abhängig von menschlicher Verwirklichung, sondern Grundlage, Kraft und Ermutigung zum Tun *und* Lassen. D.h.: Indirekt ist einkalkuliert, dass Menschen hinter ihren (oder Gottes?) Idealen zurückbleiben.

„Darum sollt ihr vollkommen sein …"

Vielleicht *wendet* jemand an dieser Stelle *ein*: Es gibt aber noch andere biblische Texte, die der bisherigen Argumentation auf den ersten Blick widersprechen. Paulus schreibt z.B. im *Philipperbrief*: „Nicht, dass ich's schon ergriffen habe oder schon vollkommen sei; ich jage ihm aber nach, ob ich's wohl ergreifen könnte, weil ich von Christus Jesus ergriffen bin." (Phil 3,12) Paulus schätzt sich nicht so ein, dass er das neue Leben, Christus, die Gerechtigkeit Gottes schon ergriffen hat (V.13), jagt ihm aber nach (V.14). Trotzdem spricht er in V.15 von denen, die „vollkommen sind", und bezieht sich selbst ein und stellt sich und seine Mitarbeiter schließlich als Vorbilder hin (V.17). Wie ist das zu verstehen? Paulus ist der Unterschied zwischen himmlischer Vollendung und irdischen Bedingungen bewusst. Wenn sich das von Gott geschenkte neue Leben unter diesen irdischen Bedingungen entfaltet, hören diese Bedingungen nicht auf zu existieren. Neues Leben wächst unter genau diesen Bedingungen. Diese Grundüberzeugung ist auch sonst in seinen Briefen spürbar. Wenn sich Paulus dann doch als vollkommen bezeichnet, kann es also nicht im Sinne eines Vollkommenheitsideals gemeint sein. Im Zusammenhang seiner Briefe kann ich das nur so verstehen: Er versteht sich vollkommen angewiesen auf Gottes Barmherzigkeit, abhängig von dessen heilsamer Gerechtigkeit. Und im Wissen um diese Abhängigkeit gibt er sich ganz hin und empfindet sich ausschließlich seinem Herrn Jesus Christus gegenüber verpflichtet. Sätze, die aus dieser inneren Gewissheit heraus gesprochen werden, mögen in unseren Ohren z.T. steil und absolut klingen. Und es mag sein, dass die mit der Hingabe verbundene Demut auch dem Paulus manchmal abhanden kam. Doch auf der anderen Seite darf nicht übersehen werden: Der „Pfahl im Fleisch" (2Kor 12), die z.T. heftigen Konflikte mit Petrus (Apg 15; Gal 2) und mit Barnabas (s.o.) sind bleibender Bestandteil seiner Wirklichkeit. Paulus kann sie nur aushalten und in dieser Welt nicht einfach überwinden.

Die bisherigen Einsichten müssen m.E. auch beim *Schlusssatz der Antithesen der Bergpredigt* berücksichtigt werden. Jesus fasst dort seine herausfordernden Sätze so zusammen: „Darum sollt ihr vollkommen sein, wie euer Vater im Himmel vollkommen ist." (Mt 5,48) Um welche Vollkommenheit geht es? Es geht nicht um eine Vollkommenheit, die mit menschlichen, moralischen Maßstäben zu beschreiben wäre und dann von Menschen zu erreichen wäre. Natürlich: Das Liebesgebot gilt und ist eine wichtige Grundlage für das Zusammenleben der Menschen. Aber es kann unter den Bedingungen dieser Welt nicht vollkommen erfüllt werden, auch dort nicht, wo Gott Glaube und Hoffnung stiftet. Manchmal gerät das Liebesgebot sozusagen mit sich selbst in Konflikt: Was ist, wenn die Liebe zu zwei verschiedenen Menschen unterschiedliche Dinge gebietet; wenn ich z.B. um der Eltern willen dieses, um der Freundin willen jenes tun sollte? Und was will ich eigentlich selbst? Oder: Was bedeutet Liebe zu den Feinden, wenn ich auch die Opfer liebe, die unter den Feinden nicht nur einmal gelitten haben?

Um sich einem angemessenen Verstehen des sperrigen Schlusssatzes der Antithesen zu nähern, sind folgende Einsichten hilfreich: In der biblischen Ethik geht es vor allem ums *Tun* (und Lassen) und nicht zuerst um ein *Gefühl.* In der Regel wird das *Verhalten* beurteilt, nicht die *Emotionen* und *Affekte.* Wenn z.B. vor Ärger gewarnt wird, wird vor dem entsprechenden Verhalten gewarnt. Oder anders: Es wird davor gewarnt, aus der inneren Regung unkontrollierte zerstörerische Taten erwachsen zu lassen. Es wird nicht vor dem Gefühl gewarnt! So ist z.B. Kain (Gen 4) wütend, vielleicht auch ein bisschen neidisch, weil Gott Abels Opfer anerkennt und seines nicht. Er fühlt sich jedenfalls von Gott zurückgesetzt. Solche Empfindungen gibt es auch heute noch, wenn nach unserem eigenen Erleben andere von Gott sichtbar beschenkt werden und wir weniger sichtbar beschenkt werden, wenn z. B. die Nachbargemeinde zahlenmäßig schneller wächst. Die gefühlte Zurücksetzung ärgert Kain gewaltig. Er bekommt einen roten Kopf (Lutherübersetzung: er „ergrimmte"). Das Besondere und Interessante an der Erzählung in Gen 4 ist nun: Der Zorn, der in Kain aufsteigt, wird von Gott nicht als Sünde bezeichnet. Wenn Kain Gutes tut, kann er den Kopf wieder frei erheben, heißt es dort, wenn er aber Böses tut, so lauert die Sünde vor der Tür und könnte über ihn herfallen. In demselben Sinn heißt es in Eph 4,26: „Zürnt ihr, so sündigt nicht." Es gibt also einen Zorn, der nicht Sünde ist.

Natürlich wäre es einseitig und idealistisch, wenn wir daraus ableiten würden: Wir können Gefühl und Verhalten in jeder Situation klar unterscheiden und unsere negativen inneren Regungen dann *nicht* in die Tat umsetzen. Affekte, heftige innere Regungen, entstehen in der Regel in erhitzten Situationen. Und dann fehlt häufig der klare Kopf für solche Unterscheidungen. Deshalb sind wir auf Einspruch von außen angewiesen, auf Unterbrechungen unserer unheilvollen Dynamik. Und auch das führt nicht automatisch zur Begrenzung zerstörerischer Kräfte, wie die Geschichte von Kain und Abel zeigt. Gott unterbricht die Zorndynamik bei Kain, zeigt ihm Alternativen zu seinen Absichten – und Kain schlägt Abel tot. So sind wir Menschen auch. Dafür öffnet uns die Geschichte die Augen, damit Mord nicht die zwingende Konsequenz innerer Regungen bleibt.

Unsere Gewohnheit, dass wir unangenehme Gefühle pauschal mit Sünde gleichsetzen, hat verschiedene Nährböden. Dass zerstörerische Handlungen nicht aus dem Nichts entstehen, sondern ihren Ursprung im Inneren eines Menschen haben, erfahren wir immer wieder. Dazu kommt, dass der Sündenbegriff in der christlichen Tradition insgesamt eng mit negativen Gefühlen verbunden ist, mit eigener Geringschätzung, mit schlechtem Gewissen usw. Er ist nicht selten verborgen hinter einem Idealismus, der vor allem für Deutsche und für Perfektionisten anziehend ist, ganz gleich ob sie humanistisch, pietistisch, ökologisch o. a. gefärbt sind. Und schließlich gibt es eine biblische Begründung: In der Bergpredigt führt Jesus die Sünde bis in die innersten Regungen eines Menschen zurück (Mt 5,21–48). Doch hier sitzen wir m. E. einem Missverständnis auf. *Die Worte Jesu sind konkrete Worte für konkrete Situationen.* Ich stelle mir eine Schlägerei vor; oder eine Gerichtsverhandlung, wo zwei Gegner unerbittlich gegeneinander kämpfen. Jesu geht dazwischen: „Hey, wenn ihr so weiter macht, kommt ihr in die Hölle." Den Herumstehenden gefällt das. ‚Gut, dass einer den Raufbolden mal die Leviten liest', denken sie. Jesus merkt das und sagt: „Wer mit seinem Bruder zürnt, der ist des Gerichts schuldig; [...] wer aber sagt: Du Narr!, der ist des höllischen Feuers schuldig." (Mt 5,22) Er will damit sagen: „Leute, ihr seid doch auch nicht besser. Stellt euch doch nicht über die anderen." Jesus deckt mit seinen Worten Selbstgerechtigkeit auf und fordert zur Veränderung heraus, auch in der folgenden Szene: Unter den Zuhörern sind einige Männer. Ihre Blicke sind auf eine Frau gerichtet. Sie merken gar nicht, dass ihre Gesichter ihre Phantasien verraten. Schon oft haben sie mitgeschimpft, wenn sich die Dorfgemeinschaft über Ehebrecherinnen aufgeregt hat. Jesus sieht sie an und sagt: „Wer eine Frau ansieht, sie zu begehren, der hat schon mit ihr die Ehe gebrochen in seinem Herzen." (Mt 5,28) Wieder macht Jesus deutlich: „Leute, erkennt doch, dass ihr auch nicht besser seid als diejenigen, die ihr verurteilt." Es geht ihm darum, Überheblichkeit zu entlarven und Verhalten zu verändern. Jesus zeigt denen, die sich besser als andere vorkommen, wie sehr auch sie auf Gottes Barmherzigkeit angewiesen sind. Es geht Jesus nicht darum, dass diejenigen, die sich ohnehin schon schlecht fühlen, noch schlechter fühlen sollen!

Dazu kommt: Orientalisches Denken ist anders als abendländisches Denken. Es geht nicht darum, dass

Menschen, die sich ohnehin am Liebesgebot orientieren, das jetzt noch vollkommener erfüllen. Ein solches (Miss)Verständnis ist vor der Hintergrund eines romantischen Liebesideals verständlich, hat aber nicht viel mit der rauen Wirklichkeit Jesu zu tun. Jesus tritt in einem Umfeld, in dem Gewalt zum Alltag gehörte, für Gewaltlosigkeit ein. Das schließt ein, dass er leidenschaftlich dem Leben dient, gegen Missstände angeht und manchmal deutliche Worte findet, z. B.: „Wehe euch, Schriftgelehrte und Pharisäer, ihr Heuchler, die ihr den Zehnten gebt von Minze, Dill und Kümmel und lasst das Wichtigste im Gesetz beiseite, nämlich das Recht, die Barmherzigkeit und den Glauben! [...] Ihr verblendeten Führer, die ihr Mücken aussiebt, aber Kamele verschluckt!" (Mt 23,23f) Bei der Tempelreinigung schreckt Jesus auch vor entsprechenden Taten nicht zurück (Mk 11,15–19 par.).

„Darum sollt ihr vollkommen sein, wie euer Vater im Himmel vollkommen ist." (Mt 5,48) Vollkommen kann m. E. auch hier nur wie bei Paulus verstanden werden: Es geht um vollkommenes Einlassen auf den Vater und auf seine heilsame Gerechtigkeit. Und dieses vollkommene Einlassen schließt die Ehrlichkeit in Bezug auf alles Unvollkommene ein, auch alles unvollkommene Einlassen, wie es klassisch in dem Mund des Vaters zusammengefasst ist, der zu Jesus kommt: „Ich glaube, hilf meinem Unglauben." (Mk 9,24 par.) Den Abschluss der Antithesen übertrage ich in diesem Sinn: „Ich liefere mich Dir vollkommen aus, hilf meiner Unvollkommenheit. Bewahre mich davor, vollkommen und damit irgendwie auch unabhängig von Dir werden zu wollen und meine Unvollkommenheiten nicht mehr zu sehen."[18]

---

18 Mit ähnlicher Zielrichtung schreibt Luther in der Auslegung zu Ps 91: „Fortschreiten, das ist nichts anderes, als immer neu zu beginnen. Neu beginnen ohne Fortschreiten, das ist Versagen." (Proficere est nihil aliud nisi semper incipere. Incipere sine proficere hoc ipsum est deficere. WA 4,350,14) Der erste Satz ist an diejenigen gerichtet, deren Gefahr der Hochmut oder die Selbstüberschätzung ist. Der zweite Satz dagegen ist an Menschen gerichtet, deren Gefahr die Trägheit ist.

Ich frage abschließend: „Wie sind die Menschen, die Jesus für ‚sein Konzept' braucht?" Antwort: Es sind Menschen, die sich auf seine Worte einlassen. Es gehören auch Menschen dazu, die Widerstand leisten und sich nicht gleich ergeben. Es gehören Menschen dazu, die begeistert sind von Jesus und die doch von Zweifeln überfallen werden. Jesus setzt die Vielfalt der Menschen voraus und beruft Menschen in dieser Vielfalt in unterschiedliche Dienste. Entscheidend dabei ist: *Jesus beruft Menschen, wie sie sind, nicht wie sie sein sollten (vgl. z.B. Mt 14,22–33; 28,16–20; Apg 2).* Er sagt nicht: „Wenn du dich gebessert hast, wenn du reifer geworden bist im Leben, wenn du deine Schwächen einigermaßen im Griff hast, kann ich dich gebrauchen." Es sagt vielmehr: „Ich brauche dich mit deiner unvollkommenen Einsicht und den Rissen in deinem Leben genauso wie mit deiner Veränderungsfähigkeit und deinen Optimierungswünschen."

Zerbrechlicher Leib Christi und brüchige Gemeindewirklichkeit

Nicht zufällig spiegeln sich die unterschiedlichen Brüche menschlichen und gemeindlichen Lebens im *Abendmahl* als einem Konstitutivum christlicher Gemeinde wider: „Christi Leib, für dich gebrochen". Dieser Satz aus der liturgischen Tradition nimmt inhaltlich auf, was zum Leib Christi gehört: Jesu Leben wurde am Kreuz auf brutale Weise beendet, zerstört, abgebrochen. „Gebrochen" steht zwar ursprünglich nicht in 1Kor 11,24 und Jesu Beine wurden auch nicht wie bei den Verurteilten rechts und links von Jesus „gebrochen" (Joh 19,31–33), aber sein Leben wurde gewaltsam beendet und die Hoffnungen der Menschen wurden „zerbrochen". Bei Paulus ist der Zusammenhang zwischen dem Leib Christi, verborgen im Brot beim Abendmahl (1Kor 11), und dem Leib Christi als Gemeinde (1Kor 12) offensichtlich. Im Brot spiegeln sich die Zerbrechlichkeit des Lebens Jesu und die gebrochene Wirklichkeit der Gemeinde.

„Christi Leib, für dich gebrochen" zeigt auch die Erneuerung an und trägt so zu heilsamen Veränderungen bei. Der erste Schritt hin zu dieser heilsamen Veränderung ist, die eigenen Brüche wahrzunehmen, sie wahrzuhaben und zu akzeptieren. Das löst Verkrustungen und öffnet für Veränderung, macht auf Zukunft hin offen, weil man nicht mehr seine ganze Energie dafür einsetzen muss, das Unvollkommene zu verbergen. So wird Energie frei für Neues.

Jesus, dessen Leben am Kreuz „zerbrochen" ist, wird zu neuem Leben erweckt und berührt uns Menschen in unseren Brüchen heilsam. Der Auferstandene geht auf die Menschen zu, die ihn vorher verlassen und verleugnet haben.[19] Er stiftet Versöhnung. Abendmahl ist Anstiftung zur Versöhnung, die gerade nicht zur Vervollkommnung führt, sondern mit bleibenden Unvollkommenheiten rechnet, egal ob bei Judas, Petrus oder uns. „Christi Leib, für dich gebrochen" ist Spiegel der Gemeindewirklichkeit: in, mit und unter den Brüchen des Leibes teilt Gott sein Heil aus, auch wenn dadurch nicht aus allen Rissen „heilsame Risse" werden, sondern Risse, die auf Gottes Heil angewiesen bleiben.[20]

Die bisherigen Überlegungen entsprechen gut evangelischer Ekklesiologie (Lehre von der Kirche): Die Kirche ist und bleibt auf den dreieinigen Gott bezogen und lebt von seinem Wirken. Sie wird von Gott und seinem Wort geschaffen und erhalten (creatura verbi Dei). Durch Wort und Sakrament (Confessio Augustana 7) werden die Glieder am Leib Christi zum Glauben berufen und darin gestärkt, zu einer lebendigen Hoffnung wiedergeboren und in ihrer Liebe erneuert. Was dadurch geschaffen wird, geht nicht in die Verfügbarkeit der Menschen

---

19 Vgl. Knieling, Scheitern, 112–119: Warum Gott sein eigenes Scheitern in Kauf nimmt.
20 Vgl. Möller, Der heilsame Riss. Eindrücklich entfaltet das Henri Nouwen in seiner sehr persönlichen Anthropologie, in der er unser Menschsein mit vier Begriffen umschreibt: auserwählt, gesegnet, gebrochen, hergegeben (ders., Mensch, 72–90: gebrochen).

über. Vielmehr schließt der Glaube ein, dass Menschen angewiesen bleiben auf die erneuernde Kraft des Evangeliums und gerade dadurch von den Zwängen dieser Welt befreit werden:

„[...] der Heilige Geist hat mich durch das Evangelium berufen, mit seinen Gaben erleuchtet, im rechten Glauben geheiligt und erhalten; gleichwie er die ganze Christenheit auf Erden beruft, sammelt, erleuchtet, heiligt und bei Jesus Christus erhält im rechten, einigen Glauben; in welcher Christenheit er mir und allen Gläubigen täglich alle Sünden reichlich vergibt [...]“[21] Deshalb wird „ein Mangel unter uns bleiben, dass wir es nicht vollkommen tun können, wie es Christus getan hat. Er ist die reine, helle Sonne, darin kein Nebel ist; dagegen ist unser Licht kaum wie ein angezündeter Strohhalm gegen diese Sonne. Dort ist ein glühender Backofen voll Feuers und vollkommener Liebe; dennoch ist er zufrieden, wenn wir nur ein Kerzlein anzünden und uns ein wenig stellen, als wollten wir die Liebe hervor leuchten und brennen lassen. Dies ist nun der Mangel, den wir alle untereinander sehen und spüren; aber darum soll beileibe niemand urteilen und sprechen: ‚da ist nicht Christus!‘ [...] Er könnte uns wohl verdammen um unserer Torheit willen, dennoch [...] wirft er uns nicht [...] hinweg, sondern tröstet uns.“[22]

Dass Christen unvollkommen, unfertig und bleibend auf Gottes erneuernde Wirksamkeit angewiesen sind, wird auch in der Barmer Theologischen Erklärung vorausgesetzt (These 3): Die „Kirche der begnadigten Sünder" lebt „allein von seinem [Christi] Trost und von seiner Weisung in Erwartung seiner Erscheinung".

Die Kirche ist eine Weg- und Nachfolgegemeinschaft. Ihre Glieder sind als Pilger unterwegs, unfertig, unvollkommen und warten auf die Vollendung am Ende der Zeiten, jenseits der Einschränkungen, Nöte und Verletzungen dieser Welt.

21 Luther in der Auslegung des 3. Glaubensartikels im Kleinen Katechismus.
22 Luther, WA 15, 499f.

3. Zwischen Verbesserungen und Unvollkommenheiten

Optimierung – anregend oder erdrückend?

Aus den bisherigen Überlegungen zu den Gemeinde- und Kirchenkonzeptionen der letzten Jahrzehnte und aus den neutestamentlichen Beobachtungen drängt sich für mich vor allem eine Frage auf: *Wie kann von Verbesserungen, von Visionen und Idealen, von Wunschvorstellungen und vom Himmel so gesprochen werden, dass es anregend und ermutigend und nicht erdrückend und lähmend wirkt?* Die vielen guten Anregungen, die wichtigen emanzipatorischen Einsichten aus der Kirchenreform- und Gemeindepädagogikdebatte, die inspirierenden Ideen aus dem missionarischen Gemeindeaufbau, die manchmal überlebensnotwendigen Kommunikationshilfen durch die Gemeindeberatung (vgl. Kapitel 1), all das darf ja nicht diskreditiert werden. Dass Menschen sich von Jesus in die Nachfolge rufen lassen, dass Jünger sich auf die entlarvenden Worte Jesu einlassen, dass Paulus sich bekehren und berufen lässt, dass Petrus sich zur direkten Begegnung mit Heiden bewegen lässt und seine Angst vor kultischer Verunreinigung überwindet (Apg 10), dass in Korinth trotz aller Schwierigkeiten Menschen aus ganz unterschiedlichen und gesellschaftlich voneinander getrennten Schichten in der Gemeinde zusammen kommen, all das ist positiv zu würdigen. Und es kann uns locken, uns z. B. für die Öffnung der eigenen Gemeinde für fremde Menschen und Ideen einzusetzen. Gerade weil es nicht darum geht, Verbesserungsbemühungen schlecht zu reden, muss gefragt werden: Wie kann von Verbesserungen und Idealen so gesprochen werden, dass unsere Rede nicht zu dauerhafter Überforderung führt? Ermüdungserscheinungen, Burnout etc. sind ja nicht nur individuell, sondern auch strukturell bedingt und unter kirchlichen Hauptamtlichen leider allzu weit verbreitet.[23]

23 Vgl. z. B. Heyl, Burnout.

Sätze wie „Was sollen wir denn noch alles tun?" enthalten eine deutliche Portion von Überforderungsgefühlen, Kraftlosigkeit, Resignation und Verzweiflung. Die Kehrseite der Frage ist: Wie können die Brüche menschlicher Existenz, die Scherben, die es in jedem Leben neben all dem Glück und dem Schönen auch gibt, ernst genommen werden, ohne damit Verbesserungsanstrengungen für nichtig zu erklären?

Mein „Plädoyer für unvollkommene Gemeinden" wäre missverstanden, wenn daraus abgeleitet würde, dass Gemeinden vor allem unvollkommen sein sollen und möglichst darauf hin gearbeitet werden soll. Es geht vielmehr um ein Gegengewicht zu den allgegenwärtigen Optimierungserwartungen. Es geht darum, die Grenzen dieser Welt und die menschlichen Unzulänglichkeiten ernst zu nehmen und nicht nur überwinden zu wollen. Es geht darum, sich dem Schwierigen zu stellen und es zunächst einmal auszuhalten. Es geht darum, wahrzunehmen und wahrhaben zu wollen, dass es Brüche, Unvollkommenheiten, Fragmente gibt, deren Vollendung für diese Welt weder möglich noch verheißen ist.

Es geht dabei auch um die Entlarvung einer kirchlichen Optimierungsdynamik, die m.E. eher Allmachtsphantasien offenbart, als dass sie der Gemeindearbeit dient. Es geht um Entlastung für Leute mit dem Antreiber „Sei perfekt!", nicht um Bestätigung derer, die schon immer gegen missionarischen Gemeindeaufbau, Reformprogramme oder andere anstrengende Verbesserungen waren.[24] Und von den Menschen mit dem Antreiber „Sei perfekt!" gibt es in der Kirche nicht ganz wenige. Außerdem sind wir als Kirchen mit gesellschaftlichen Optimierungszwängen verwoben und eingebettet in den großen Strom der Fortschrittsdynamik, ganz gleich, ob wir das wahrhaben wollen oder nicht.[25] Und ich vermute: Manchmal übertreffen wir die gesell-

---

24 Von Antreibern wird in der Transaktionsanalyse gesprochen, vgl. Stewart/Joines, Transaktionsanalyse, 228–248.
25 Vgl. z.B. Gross, Multioptionsgesellschaft, 404–412.

schaftliche Dynamik aufgrund unserer gefühlten Verbundenheit mit dem Allmächtigen sogar. Entsprechende Retterphantasien sind quer durch die kirchlichen Strömungen zu beobachten. Die einen wollen „Seelen" retten, andere kämpfen für die Rettung traditioneller Werte, des bisherigen kirchlichen Einflusses oder der Umwelt. Sollten wir für Gemeindeaufbau, Gemeindepädagogik und Gemeindeentwicklung eine Zeit lang *Gemeindeoptimierung* sagen, damit wir spüren, was wir tun?

Begriffe und Phänomene unterscheiden

Um nicht in falsche Alternativen zu geraten, gilt es, innerhalb der Begriffe ‚Verbesserung' bzw. ‚Optimierung' einerseits und ‚Unvollkommenheit' andererseits zwei verschiedene Dimensionen zu unterscheiden:

- Die Begriffe ‚Verbesserung' und ‚Optimierung' können als Zielvorgaben, die entsprechende Handlungen nach sich ziehen, mit anregenden Vorbildern und Ideen verbunden sein, die beleben, Sehnsucht wecken, Lust auf Veränderung machen; Vorbilder und Ideen, die die Bedingungen dieser Welt ernst nehmen und für Gottes Vollendung offen bleiben; bei denen klar ist, dass Christen von der Vergebung der Sünde und nicht von deren Vermeidung leben.

- ‚Verbesserung' und ‚Optimierung' können auch, manchmal völlig unbemerkt, zu Begriffen werden, in denen sich Zwänge verbergen. Die damit verbundene Erwartung ist dann, Dinge perfekt oder wenigstens fast perfekt zu machen. Solche Forderungen und Zwänge können individuell z.B. durch den Hang zum Perfektionismus und strukturell z.B. durch die Finanznöte bedingt sein. Das Problem ist: Zwänge zwingen, sonst würden sie ja nicht so heißen. Sie befreien nicht. Sie lassen diejenigen, die darunter leiden, wenig lebendig, erlöst, befreit erscheinen.

- Eine entsprechende positive und negative Seite kann auch beim Begriff ‚Unvollkommen' bzw. ‚Unvollkommenheit' als Zustandsbeschreibung, die ggf. auch bestimmte Handlungen nach sich zieht, unterschieden werden:

- ‚Unvollkommen' kann das bezeichnen, was auf zukünftige Vollendung hin offen ist, also unvollendet, vorläufig, im Werden begriffen, bruchstückhaft glänzend. Das kann unvollkommen im Sinne von unfertig sein: Was Gott angefangen hat, hat er noch nicht vollendet. Es kann auch unvollendet sein, weil etwas ursprünglich Gutes durch konkrete menschliche Schuld oder durch tragische Entwicklungen zerstört wurde und von Menschen oder von Gott wieder ins Lot gebracht, erneuert, geheilt werden muss. Dazu kommt: Manches erscheint uns besonders unvollendet, weil wir uns die Vollendung so sehr wünschen. Mögen wir nicht Illusionen, Rausch, siebten Himmel, romantische Träume, Opium lieber als die Wahrheit über uns?

- ‚Unvollkommen' kann auf der anderen Seite auch im Sinne von ‚defizitär', ‚unzulänglich', ‚ungerecht' oder ‚hemmend' gebraucht werden. Es kann Resignation und Lähmung nach sich ziehen. Es kann etwas sein, das für Gott verschließt, statt zu öffnen ... Aber gibt es etwas, das Gott in seinem Wirken ernsthaft behindern und einschränken könnte? Sein Wirken besteht ja gerade darin, dass er Heil mitten im Unvollkommen, in den Brüchen, in dem, was im Leben kaputt ist, schafft. Das schließt ein, dass die Brüche, die scharfen Kanten, das Verletzende, das Unansehnliche und Hässliche ans Tageslicht kommen und in ihrer ganzen zerstörenden Kraft sichtbar werden – letztlich, um das Genannte zu entlarven und damit zu entmachten. D.h.: Auch im negativen Sinne ist unvollkommen nicht hoffnungslos, ohne dass das Schlechte schöngeredet wird.

Grafisch können diese Unterscheidungen so dargestellt werden:

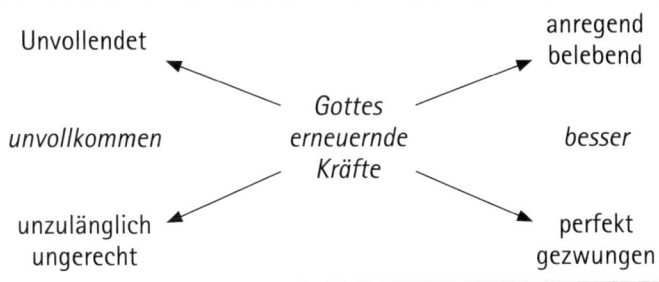

Unvollendet — anregend belebend

unvollkommen — *Gottes erneuernde Kräfte* — besser

unzulänglich ungerecht — perfekt gezwungen

Zwischen den Zeilen wurde schon deutlich: Die beiden Dimensionen zu unterscheiden, bedeutet nicht, sie zu trennen. In der Praxis sind die Übergänge fließend. Situationen und beteiligte Menschen spielen dabei eine entscheidende Rolle. Ob etwas als zerstörerisch oder als vorläufig-unvollendet wahrgenommen wird, hängt u. a. von den Menschen und ihrem Umgang mit Bruchstücken ab. Es hängt auch von der äußeren Situation, vom System und den Strukturen ab: Wer trotz hohen Engagements mehrfach überdurchschnittlich stark von Kürzungen betroffen wird, egal ob gefühlt oder real, wird das System irgendwann als ungerecht wahrnehmen. Nicht selten sind die unvollendet-vorläufige und die zerstörerische Dimension untrennbar miteinander verbunden.

Genauso hängt es von der Situation und der eigenen Befindlichkeit ab, ob ein Vorbild anregend oder erdrückend wirkt. Damit Vorbilder locken, inspirieren, Energie freisetzen können, ist in der Regel ein entspanntes Umfeld nötig und hilfreich. Aber auch in einer widrigen Situation kann jemand sagen: „Jetzt erst recht."

Wenn wir von Optimierung sprechen und daran arbeiten oder wenn wir Unvollkommenes, Unfertiges und Zerbrochenes aushalten, dann bewegen wir uns jeweils auf der menschlichen Ebene, auf der Ebene unserer Verantwortung. Wir können beschreiben, was sinnvollerweise zu tun oder zu lassen ist bzw. wie konkrete, realistische Schritte der Veränderung aussehen. Wir können die Schritte nicht nur beschreiben, sondern auch gehen.

In, mit und unter all dem gibt es allerdings eine Ebene, die sich unserer Verantwortung entzieht: Gottes Wirken kann von uns nicht gemacht werden. Wir können pflanzen und gießen, aber nicht „wachsen machen" (vgl. 1Kor 3,6–8 und Kapitel 2). Wir können verbessern und uns den Optimierungszwängen entziehen, dass aber Gemeinde im Glauben, in der Liebe und in der Hoffnung wächst, ist Gottes Geschenk und deshalb für uns unverfügbar.

Entscheidend am Fragment ist, was hindurchscheint

Henning Luthers Überlegungen zum *Fragment* führen die bisherigen biblischen Einsichten und theologischen Unterscheidungen auf ihre Weise weiter. Ich beziehe seine drei Dimensionen des Fragments auf die Gemeindearbeit:

Ruinen der Vergangenheit als Tempel des Heiligen Geistes

Unser Leben trägt fragmentarischen Charakter aufgrund der *Vergangenheit*, aus der wir kommen.

„Wir sind immer [...] auch gleichsam Ruinen unserer Vergangenheit, Fragmente zerbrochener Hoffnungen, verronnener Lebenswünsche, verworfener Möglichkeiten, vertaner und verspielter Chancen. Wir sind Ruinen aufgrund unseres Versagens und unserer Schuld ebenso wie aufgrund zugefügter Verletzungen und erlittener und widerfahrener Verluste und Niederlagen. Dies ist der *Schmerz* des Fragments."[26]

Wie viel „zugefügte Verletzungen", wie viele „erlittene und widerfahrene Verluste und Niederlagen" gibt es z.B. in Presbyterien und Mitarbeiterkreisen! Wie viele Ideen stießen nicht auf Resonanz oder kamen im Laufe der Debatten unter die Räder! Wie viel verkündigtes Evangelium fiel auf harten Boden oder unter die Dornen (vgl. oben das

---

26 Luther, Identität, 168f.

Gleichnis vom Sämann, Mk 4,1–9), ganz abgesehen von den persönlichen Verletzungen, Verlusten und Niederlagen, die Einzelne mitbringen und die oft keinen Ort in der Gemeinde haben.[27]

Daneben gibt es natürlich auch das andere, im individuellen genauso wie im gemeindlichen Leben: positive Entwicklungen, Gelingendes und Fortschrittsprozesse, Heilsames und Beglückendes. Das gilt es genauso wahrzunehmen wie die Fragmente. Neben den Ruinen sind wir auch Frucht des Vertrauens, das andere in uns investiert haben, Spiegel der Liebe, mit der uns Menschen begegnet sind, Gefäße der Hoffnung, die in uns entzündet wurde. Wir sind immer auch Ergebnis erfüllter Lebenswünsche, ergriffener Möglichkeiten und verwirklichter Chancen. Wir sind geprägt durch die Aufmerksamkeit und Anerkennung anderer und die Fähigkeit zur eigenen Entwicklung, auch manchen Widrigkeiten zum Trotz. Wir sind Gottes Ebenbilder und Tempel des Heiligen Geistes.[28] Das ist das Glück des eigenen Lebens.

Beides ist wahrzunehmen und zu würdigen, die Ruinen *und* der Tempel, und zwar nicht getrennt von einander, sondern miteinander, aufeinander bezogen, ineinander verschränkt. Im Bild gesprochen: Die Klagemauer in Jerusalem zeugt als Ruine des Tempels von dessen ursprünglicher Schönheit und Größe und von der dort anwesenden „Herrlichkeit Gottes". Und sie bleibt als Klagemauer Ort der Hoffnung und der Erwartung des Wirkens Gottes. Als „Ruinen unserer Vergangenheit" und als „Fragmente zerbrochener Hoffnungen" sind wir auch „Tempel des Heiligen Geistes", Orte der Wirksamkeit Gottes, Räume, in denen Gott Heil wirkt. Oft sind die Scherben des Lebens der Ort, an dem sich der Glanz der Barmherzigkeit Gottes besonders eindrücklich widerspiegelt: wenn zwei zerstrittene Flügel in einer Gemeinde sich wieder versöhnen oder vor Gott ihren Schmerz formulieren, dass Versöhnung

---

27 Vgl. Knieling, Scheitern, 100–104.
28 Vgl. 1Kor 3,16f, bezogen auf Gemeinde, und 1Kor 6,19f, bezogen auf das individuelle Leben.

nicht gelingt; wenn jemand in seiner Ehe scheitert und in der Gemeinde Solidarität und Unterstützung erlebt; wenn jemand sein Leben einfach nicht in den Griff bekommt, aber Gottes Barmherzigkeit durch Menschen erlebt, die ihn achten und ihm widerstehen und ihn gerade dadurch ernst nehmen. Damit bestreite ich nicht, dass bei weitem nicht alle Scherben den Glanz der Barmherzigkeit Gottes spiegeln. Manches ist einfach nur hässlich und schmerzlich und da ist im Moment überhaupt kein Licht zu sehen. Aber das darf den Blick für das andere nicht verstellen: wo Gott als barmherziger und rechtschaffender Gott mitten in den Bruchstücken anwesend ist und dort sein warmes, heilsames Licht verströmt.[29]

Mangel an Vollendung und Hoffnung auf das Wort

Fragmente sind auch auf *Zukunft* ausgerichtet. Der Mangel an Vollendung ist mit Sehnsucht auf Vollendung verbunden. Das kann deprimieren oder anspornen. „Die Differenz, die das Fragment von seiner möglichen Vollendung trennt, wirkt nun nicht nur negativ, sondern verweist positiv nach vorn."[30]

Der Ansporn im Blick auf die *Zukunft* ist die *Hoffnung*, die Erwartung überraschender Wendungen. Der Wuppertaler Theologe Johannes von Lüpke definiert: „Hoffen heißt *anfangen*. [...] Hoffen heißt *ausharren*. [...] Hoffen heißt *loslassen*."[31] Zum Anfangen braucht es Mut, konkrete Ideen und die Kraft für die ersten Schritte. Wenn Hoffen anfangen heißt, schließt das ein: sich anregen zu lassen, auch durch Ideen, denen ich bisher allzu skeptisch begegnet bin, z.B. durch *Willow Creek* oder durch das Impulspapier *Kirche der Freiheit,* je nachdem, wo die eigene Skepsis sitzt. Hoffen heißt: *Anfangen,* auch wenn man durch etwas angeregt wird, das einen auf-

---

29 Vgl. oben: Gebrochener Leib Christi und brüchige Gemeindewirklichkeit.
30 Luther, Identität, 169.
31 Lüpke, Hoffnung, 330.

regt. Hoffen heißt auch: *Ausharren*, wenn etwas nicht gleich gelingt; aushalten, wenn etwas schief geht; ertragen, wenn Menschen nicht so sind, wie ich sie gerne hätte. Und es heißt, was für manche am schwierigsten ist: mich aushalten, wenn ich nicht so bin, wie ich gerne wäre. Schließlich: Hoffen heißt *loslassen;* Gemeindeaufbauideen und Reformprogramme loslassen, die im Moment nicht auf Resonanz stoßen; auf Hauskreise, Glaubenskurse oder Bildungsprogramme verzichten, wenn sie jetzt nicht greifen.

Brüchige Beziehungen und geschenkte Identität

Wer wir sind, lernen wir nicht zuletzt in der Begegnung mit anderen. Da können wir noch so tolle oder noch so traurige Bilder von uns selbst haben: In der Begegnung mit anderen wird sich zeigen, was sich davon bewährt. Wie sich andere uns gegenüber verhalten, zeigt uns nicht selten auch ein Stück von uns selbst. Manchmal wird, um im Bild zu sprechen, das „Make up", das wir uns auftragen, von anderen entlarvt oder abgekratzt. Und manchmal nährt die Zuwendung anderer unser bedürftiges Inneres.

Durch die Begegnung mit anderen Menschen wird unsere Identität („Wer bin ich?") einerseits je neu in Frage gestellt, bleibt dadurch unabgeschlossen und offen, also fragmentarisch. Dazu kommt, dass die Identität der anderen genauso fragmentarisch ist wie die eigene. Auch andere sind nicht fertig mit dem Leben, selbst wenn es so scheint. Andererseits geschieht in der Begegnung mit anderen Vergewisserung. Es tut gut, wenn andere die gleichen Überzeugungen haben wie ich; wenn sie für ähnliche Ziele kämpfen oder uns mit Respekt und Aufmerksamkeit beschenken.

In, mit und unter all dem gilt: Gott würdigt uns mit seiner Ebenbildlichkeit und erwählt uns zum Tempel des Heiligen Geistes. Dadurch lässt er uns eine Identität zukommen, die sich der Herstellbarkeit durch eigene Leistung und Entwicklung gerade entzieht und die uns deshalb zugleich entlastet und entmachtet.

Diese Existenz zwischen Infragestellung und Vergewisserung prägt auch die Gemeinden. Sie sind die von Gott Herausgerufenen, seine Bürgerversammlung (ekklesia), Tempel des Heiligen Geistes, und gleichzeitig werden konkrete Gemeinden in ihrer konkreten Existenz von anderen Gemeinden oder der Gesamtkirche kritisiert, korrigiert, zum Sparen gezwungen bis hin zur Infragestellung der Existenz. Umgekehrt geschieht in dieser Auseinandersetzung auch Stabilisierung und Vergewisserung innerhalb der einzelnen Gemeinden.

Als einzelne Menschen und als Gemeinden sind wir Ruinen gegenseitiger Verletzungen und tragischer Entwicklungen und gleichzeitig von Gott erschaffen und erwählt, Orte seines heilsamen Wirkens. In diesem Sinne sind Fragmente Orte, an denen Gottes Barmherzigkeit und sein Heilswirken notwendig und spürbar werden.

Bonhoeffer schreibt aus der Gefängniszelle an seinen Freund Eberhard Bethge: „Je länger wir aus unserem eigentlichen beruflichen und persönlichen Lebensbereich herausgerissen sind, desto mehr empfinden wir, dass unser Leben [...] fragmentarischen Charakter hat. [...] Es kommt wohl nur darauf an, ob man dem Fragment unseres Lebens noch ansieht, wie das Ganze eigentlich angelegt und gedacht war und aus welchem Material es besteht. Es gibt schließlich Fragmente, die nur noch auf den Kehrichthaufen gehören (selbst eine anständige ‚Hölle' ist noch zu gut für sie), und solche, die bedeutsam sind auf Jahrhunderte hinaus, weil ihre Vollendung nur eine göttliche Sache sein kann, also Fragmente, die Fragmente sein müssen [...]"[32]

Entscheidend am Fragment ist also, worauf es verweist und was durch die Risse hindurchscheint. Fragmente sind Orte der anwesenden Barmherzigkeit Gottes, die gerade *im* Fragment und nicht außerhalb entdeckt werden will. Jakob und sein Kampf am Jabbok mag als Beispiel dienen (Gen 32,23–33): Als Geschlagener und Verletzter, als Ruine des Kampfes mit dem Übermächtigen ist er zugleich der Ge-

---

32 Bonhoeffer, Widerstand und Ergebung (Brief vom 23.2.1944), 335f.

segnete. In diesem Hinken liegt also eine eigene Würde. Fragmente des Lebens können zum Heil-Land Gottes werden (vgl. Kapitel 5). In *diesem* Sinne plädiere ich für unvollkommene, brüchige, fragmentarische Gemeinden. Ich tue das in der tiefen Überzeugung, dass die Fragmente, die ja ohnehin vorhanden sind, im Licht der heilsamen Gerechtigkeit Gottes besser aufgehoben sind als in den „Leichenkellern" der Gemeinden.

Ich spitze die bisherigen Überlegungen zu vier Thesen zu, die gleichzeitig die Grundlage für die Weiterarbeit bilden:

(1) Gemeinden sind Orte, an denen Vorbilder und Ideen ihre anregenden und belebenden Wirkungen entfalten.
(2) Gemeinden sind zugleich Orte, an denen Unvollendetes ausgehalten, ertragen und erlitten wird – in der Erwartung und Hoffnung auf Gottes zukünftige Vollendung.
(3) Gemeinden sind Orte, an denen um Gottes und der Menschen willen systematisch Gemeindeentwicklungsarbeit betrieben wird.
(4) In, mit und unter dem Spannungsverhältnis von Unvollkommenheiten und Verbesserungen sind Gemeinden auf Gottes erneuernde Kräfte angewiesen, damit sie sich weder in ihrer Unvollkommenheit einrichten, noch den Optimierungszwängen erliegen.

4. Wahrnehmungshindernisse und Wahrnehmungsgewinne

Warum wir Unvollkommenes nicht gerne sehen

„Natürlich bleibt alles, was ich in der Gemeinde tue oder lasse, auf Gottes Vollendung angewiesen." Grundsätzlich scheinen viele diesem Satz zustimmen zu können. Es ist klar, dass auch die Gemeindearbeit u.a. von konkreter Schuld und von tragischen Entwicklungen geprägt ist und nicht außerhalb dieser Welt stattfindet. Im Kopf scheint das alles klar zu sein. Im Alltagsgeschäft sind die Gemeindeoptimierungszwänge aber oft so stark, dass sie das eigene Handeln mehr oder weniger bestimmen, besonders wenn sie sich mit Perfektionswünschen, Vollkommenheitsidealen und Allmachtsphantasien verbinden.

Warum tun wir uns so schwer damit, dass unsere Gemeindearbeit in dieser Welt unvollendet bleibt?

Es ist unangenehm

Unvollendetes, Bruchstücke, verfehlte Ziele, eigenes Scheitern ansehen ist schlicht unangenehm. Und wer entscheidet sich schon freiwillig für Unangenehmes? Nicht erfüllte Hoffnungen, Pläne, die auf der Strecke blieben, tolle Ideen, die im misslingenden Miteinander untergingen ... Wer sieht das schon gerne an?! Es schmerzt umso mehr, wenn der Kollege in der Nachbargemeinde scheinbar „erfolgreicher" arbeitet, wenn die Kollegin mehr von sichtbarem Segen des Herrn berichten kann als ich.

Es tut weh, die Bruchstücke zu sehen. Der Glanz Gottes, der mitten in dem Unvollkommenen, in den Fragmenten heilsam anwesend ist, ist in der Regel nicht auf den ersten Blick zu sehen. Nur wer die Schmerzen aushält, wird zu einer neuen Sicht durchdringen. Denn ohne Absterben gibt es kein neues Leben.[33]

Es ist Sünde

Was wir als unvollkommen wahrnehmen, ist nicht selten mit dem behaftet, was wir theologisch als Sünde qualifizieren und eng mit menschlicher Verantwortung verknüpfen; als ob es ausschließlich an uns oder an anderen liegt, wenn etwas nicht gelingt. Wenn die Gemeindekonzepte nicht in der Weise greifen, wie es von manchen gewünscht wird, werden die Ursachen oft im eigenen Versagen oder

---

33 Vgl. Mk 8,34–38; Joh 12,24; die Saatgleichnisse; Kreuz und Auferstehung Jesu.

im Versagen anderer gesucht und gefunden, manchmal in Neid und Eifersucht, in Trägheit oder in Eitelkeit und Stolz, was alles zu den sieben sog. Haupt- und Todsünden gehört. Dann machen wir uns selbst schlecht oder schieben anderen die Schuld in die Schuhe. Für christlich wünschenswert halten wir das Gegenteil: Einsatz, Hingabe, Dankbarkeit, Gönnenkönnen, Freude.

Durch diese Konzentration auf menschliches Handeln übersehen wir nicht selten den größeren Rahmen: dass ein Teil der Sünde in der Welt nicht individuelle Verantwortung, sondern tragische Verstrickung ist. Hier könnten die lange allzu kritisch betrachteten Konzepte der Erb- bzw. Ursünde neu entdeckt werden: An manchem sind wir im Sinne konkret zu benennender Verantwortung nicht schuld, sondern einfach tragisch beteiligt und verstrickt. Für Menschen mit hohem Verantwortungsbewusstsein und einem sensiblen Gewissen muss das ausdrücklich betont werden: Manchmal sind wir wirklich nicht schuld!

Unvollkommenes kann außerdem deshalb unvollkommen sein, weil wir zu hohe Ideale und Ziele haben. Oder wir beachten die geschöpflichen Bedingungen des Gemeindelebens zu wenig: auch Gemeindegruppen und Gottesdienstformen leben in dieser Welt keine Ewigkeit.

Wir wären gerne perfekt

Dass es im christlichen Glauben primär um Erlösung und *deshalb* auch um Lebensgestaltung geht, wurde im Laufe der Geschichte der Christenheit manchmal vergessen. Nicht selten schob sich die Lebensgestaltung der Christen als Hauptanliegen in den Vordergrund und die Quellen des Glaubens und der Erneuerung der Herzen traten mehr oder weniger in den Hintergrund. So kämpfte z.B. zu Beginn des 19. Jahrhunderts der Barmer Kaufmannssohn und spätere reformierte lippische Generalsuperintendent Ferdinand Weerth (1744–1836) für moralische Perfektionierung.[34]

34 Freudenberg, Antworten.

Dass es im Christentum vor allem um christliche, gelingende Lebensgestaltung gehe, wird nicht selten auch im Gottesdienst vermittelt. Wenige Beispiele genügen: Ole Gunnar Winsnes, norwegischer Religionspädagoge, hat vor zwei Jahrzehnten gefragt: „Verstehen die Leute, was die Pfarrer predigen?" Und er antwortete: „Wahrscheinlich schon. Sie hören, was sie tun sollen, und wenden sich ab." Ein Hamburger Umweltexperte bemerkte dazu: „Die Pfarrer haben es gut. Sie gehen auf die Kanzel und sagen der Gemeinde, wozu sie selber nicht fähig sind, was sie aber für gut und wünschenswert halten. Sie *ent*lasten sich dadurch selber. Ihr Beitrag zum Guten ist es ja, den anderen zu sagen, was sie machen könnten. Sie merken in der Regel nicht, dass sie damit die Gemeinde *be*lasten, weil sie sie überfordern. Die Gemeindeglieder überhören die Forderung entweder, oder sie haben ein schlechtes Gewissen." Klar, das ist pauschal geredet. Und doch trifft es die Stimmung, mit der nicht wenige Menschen Sonntag für Sonntag aus dem Gottesdienst gehen. Auch bei einem kürzlich erlebten Konfirmationsgottesdienst kamen bei dem, was die Konfirmandinnen und Konfirmanden darboten, die Kraftquellen des Glaubens nur am Rande vor. Mehr als die Hälfte bestand aus den 10 Geboten und dem, was Christinnen und Christen tun sollen.

Wir haben die richtige Theologie

Es mag sein, dass wir Unvollkommenheiten, Brüche und Fragmente in der ganz normalen Gemeindearbeit, manchmal durch mühsame Prozesse hindurch, langsam eingestehen lernen. Doch ein Bereich scheint dabei ausgeklammert zu sein: der Bereich der Werte und Normen, der Überzeugungen, der theologischen Grundentscheidungen und Reflexionsgebäude. Wir sind im protestantischen Bereich ja nicht wenig sicher, dass wir die richtige Theologie haben. Unvollkommenheiten in der eigenen Theologie zunächst einmal nur zu denken fällt schwer. Das kann in allen Schattierungen durchbuchstabiert werden: Welcher

Protestant kann in einer zentralen Frage Katholiken Recht geben? Welcher Papst kann die reformatorische Schwesterkirche höher achten als sich selbst (vgl. Phil 2,3)? Welcher Baptist kann die Taufe von Säuglingen und kleinen Kindern in anderen Kirchen nicht nur akzeptieren, sondern als gleichwertig anerkennen?

Wenn wir die Relativität unserer eigenen theologischen Überzeugungen nicht mitdenken, tun wir uns auch schwer, die Relativität und Brüchigkeit der Gemeindearbeit mitzudenken und umgekehrt. Wenn wir Gemeinde nach dem formen wollen, was unsere theologische Überzeugung ist, dann ist das Unvollkommene immer (nur) das zu Überwindende, nicht (auch) das, was einfach dazu gehört und ausgehalten werden muss.

Wir denken in „drinnen" und „draußen"

Das alles wird durch das Denken in „drinnen" und „draußen" verstärkt, worauf Albrecht Grözinger mit Verweis auf Richard Sennett aufmerksam macht.[35] In der Kirche sei die Unterscheidung zwischen innen und außen, zwischen denen, die dazugehören, und denen, die nicht dazugehören, prägend. Die Begrifflichkeit der „Kirchenfernen", „Außenstehenden", „Distanzierten" etc., alles defizitäre Begriffe, bestätigt dieses Denken in den Kategorien „innen" und „außen". Etwas vereinfacht und zugespitzt ist damit nicht selten das Empfinden verbunden: ‚Drinnen ist gut, draußen ist schlecht.' Also muss das Schlechte aus dem Raum der Kirche verbannt werden. Und falls es doch da ist, übersieht man es am besten. ‚Was nicht sein kann, das nicht sein darf.' Denn drinnen ist nicht nur ‚gut', sondern am besten ‚vollkommen'.

Im Gespräch über dieses Thema wendet ein befreundeter Pfarrer ein: „In einer Situation, in der der Volkskirche immer mehr Menschen den Rücken kehren, ist es wirtschaftlich unverantwortlich, nicht mehr zwischen Mitgliedern und Nicht-Mit-

---

35 Grözinger, Differenz-Erfahrung, 33. Sennett, Civitas.

gliedern zu unterscheiden. Wenn wir Nicht-Mitglieder immer gleich wie Mitglieder behandeln, nehmen wir wirtschaftlich die Motivation zur Mitgliedschaft in der Volkskirche. Dass theologisch hier noch einmal ganz andere Kategorien eine Rolle spielen, ist klar. Ich versuche in Gesprächen mit Ausgetretenen, die ihre Kinder taufen lassen möchten, oft sehr klar den theologischen und den wirtschaftlichen Aspekt getrennt zu erklären. Wenn jemand dann aber theologisch keinerlei Interesse zeigt, sondern nur sagt, ‚Ich will, dass mein Kind später keine Nachteile hat...' dann weise ich ihn zunehmend mit wirtschaftlichen Argumenten ab und sage: ‚ich halte es für besser, wenn sich ihr Kind vor der Konfirmation selbst überlegt, ob es getauft werden möchte...' Das ist jetzt auch eine sehr weit führende Thematik, die aber bei mir sofort präsent ist, wenn das Thema Grenzen anklingt. Ich vertrete diese Volkskirche, weil ich sie nach wie vor gut finde, und darum ziehe ich – hoffentlich differenziert – Grenzen. Theologisch ist es problematisch zu sagen: Drinnen ist gut, draußen ist schlecht. Wirtschaftlich – und leider denken viele Kirchenmitglieder mehr wirtschaftlich als theologisch – ist es aus Kirchenperspektive absolut richtig zu sagen: Drinnen ist gut, draußen ist schlecht. Ich versuche oft, diese sehr konträren Wahrheiten differenziert zu vermitteln."

Diese nachdenkenswerten und engagierten Sätze schließen, ganz gleich wie man im Einzelnen dazu stehen mag, die selbstkritische Reflexion der eigenen Wirklichkeit und Praxis nicht aus, sondern ein. Unvollkommenes wird nicht nur außerhalb der Kirche gesucht. Und umgekehrt wird Kirche in der Innensicht nicht für vollkommen gehalten. Die eigene Kirche selbstbewusst zu vertreten, schließt die Wahrnehmung möglicher Unvollkommenheit, auch der eigenen, ein. Wer sich seiner *selbst* und seiner Kirche einschließlich ihrer Schwächen und Stärken *bewusst* ist, kann sich und sie entsprechend *selbstbewusst* vertreten.

Wir kirchliche Hauptamtliche sind, wie wir sind

Die bisher beschriebenen Aspekte spiegeln sich natürlich zum großen Teil in der psychischen Konstitution der kirchlichen Hauptamtlichen. Die Beschreibungen dazu haben alle den gleichen Tenor: Kirchliche Hauptamtliche sind besonders harmoniebedürftig, wollen es möglichst allen recht machen und können sich nur schwer abgrenzen; wenn sie es dann tun, geschieht es oft umso radikaler.

Der Wuppertaler Praktische Theologe Michael Klessmann beobachtet bei Pfarrerinnen und Pfarrern ein „ausgeprägtes Bedürfnis nach sozial erwünschtem Verhalten", ein „erstaunlich geringes Selbstwertgefühl", hohe Hilfsbereitschaft, teilweise Hilflosigkeit, ein stark ausgeprägtes – persönlichkeitsbedingtes und wertegestütztes – Harmoniebedürfnis, verbunden mit einer nur schwach ausgeprägten Fähigkeit zur Selbstabgrenzung.[36] Und der Berner Praktische Theologe Christoph Morgenthaler formuliert es in systemischer Perspektive: „Das Pfarramt ist gekennzeichnet durch seine einzigartige Ethik der Fürsorge und deshalb für Menschen attraktiv, welche aus Familien stammen, in denen sich entsprechende Motivationen oft über Generationen entwickelt haben. Sie bringen aus dieser Geschichte eine reiche Mitgift in die Seelsorge: Altruismus, Empathie, die Fähigkeit, Befriedigung aufzuschieben, intuitive Aufmerksamkeit und Empfänglichkeit für die Bedürfnisse anderer und ein starkes Engagement für ihre Ideale. Ohne dies ist der Pfarrdienst nicht möglich. Damit sind aber die unvermeidlichen Gegenseiten eng verbunden: der Verlust persönlicher Grenzen, Schuldgefühle, die Vernachlässigung der eigenen Person und der Bedürfnisse der Familie und ein stilles Ressentiment, das dort zu gären beginnt, wo ein Mensch merkt, dass er genau durch das ausgebeutet wird, wofür er sich besonders einsetzt."[37]

Verbunden mit dem ausgeprägten Harmoniebedürfnis ist eine hohe Identifikation mit der eigenen theologischen

---

36 Klessmann, Pfarramt, 80.
37 Morgenthaler, Seelsorge, 107f, nach Stalfa, F. S.: Vocation as Autobiography. Family of Origin Influences on the Caregiving Role in Ministry, in: Journal of Pastoral Care 48, 1994, 370–384.

Überzeugung und den damit verbundenen Zielen in der Gemeinde. Es geht um möglichst ungestörte, harmonische Übereinstimmung mit dem eigenen theologischen Wunschbild. Es ist also kein Wunder, wenn Unvollkommenes, Schmerzliches, Brüche und Fragmente lieber nicht wahrgenommen werden.

Was wir davon hätten, wenn wir hinschauen würden

Wer hinschaut, sieht auch sich selbst in einem neuen Licht

Es entlastet, wenn eine wesentliche Dimension des Lebens nicht ausgeblendet wird, auch wenn es zugleich eine Zumutung ist. Gottes Rechtfertigungshandeln schafft, so Eberhard Jüngel, nicht zuerst den Sinn des Lebens, sondern die Wahrheit des Lebens.[38] Die Wahrheit macht frei. Sie macht frei, die Differenzen zwischen Ideal und Wirklichkeit anzuschauen. Sie macht frei, eigene Ideale kritisch zu befragen und sie biblisch-theologisch zu überprüfen. Sie macht frei, selbstkritisch zu bedenken, welche Ideale wir vor allem um unserer selbst willen aufrechterhalten.[39]

Der Schweizer Soziologe Peter Gross fragt in seiner Analyse der „Multioptionsgesellschaft", ob es durch die „Akzeptanz von Differenz" möglich ist, den Illusionen einerseits und der Resignation andererseits zu entgehen, und bejaht das vorsichtig. *„Differenzakzeptanz* hieße das Sich-Lösen von der Vorstellung, alles müsse *neu, anders, besser* hergestellt und *vervollkommnet* werden."[40] Das wäre auch für christliche Gemeinden hilfreich. Manches muss tatsächlich verbessert werden, weniges ganz dringend, anderes kann warten oder bleibt am besten, wie es ist. *Wer so denkt, verändert nicht nur Gemeinde, sondern*

---

38 Vgl. Jüngel, Rechtfertigung, 221–225.
39 Zum Problem der sog. kognitive Dissonanzen vgl. Kapitel 8.
40 Gross, Multioptionsgesellschaft, 404.

auch sein Bild von ihr. Wer mit eigenen Idealen und Perfektionswünschen kritisch umgeht, kann entlastet arbeiten und sich auf die Dinge konzentrieren, die tatsächlich verbessert werden müssen. In diesem Sinne geht der Bremer Arbeitswissenschaftler Guido Becke der Frage nach, warum es manchmal sinnvoll sein kann, Veränderung gegen Bewahrung abzuwägen. Und er plädiert dafür, in betrieblichen Prozessen neben der Veränderungsdynamik auch die Stabilitätsfaktoren wieder bewusst in den Blick zu nehmen.[41]

Eingeständnis dessen, was nicht geworden ist

Wenn wir bereit werden, der Wahrheit ins Auge zu schauen, dann können wir uns auch den Wirkungen, die die Gemeindekonzepte in den vergangenen Jahrzehnten hervorgebracht haben, stellen. Dann können die Vertreter (meistens Männer) dieser Konzepte eingestehen, dass all die ökumenischen, kirchenreformerischen, konziliaren und missionarischen Gemeindeaufbau- und -entwicklungsprogramme zusammen die äußere und innere Erosion in der Kirche nicht entscheidend aufhalten konnten.

Damit werden die vorhandenen Erfolge nicht missachtet. Es gibt unzählige schöne Beispiele, wie Gemeinden sich durch eine Gemeindeberatung heilsam verändert haben, wie sich das Klima verbessert hat, wie Haupt- und Ehrenamtliche neue Motivation bekommen haben, wie missionarische Gemeindearbeit dem Gemeindeaufbau sichtbar dient ... Das alles gehört zur Wahrheit und muss gewürdigt werden. Und vielleicht tun wir das viel zu wenig, weil wir uns nicht erlauben, gesunden Stolz zu entwickeln und ihn mit Dankbarkeit zu verbinden.

Daneben braucht es den Mut, dem, was nicht geworden ist, ins Auge zu schauen. Und dazu gehört, dass viele der großen Erwartungen, die mit den Konzepten der unterschiedlichsten Art verbunden waren, nicht aufgegangen

---

41 Becke, Vom Erhalten durch Verändern zum Verändern durch Erhalten. Vgl. auch Kapitel 10.

sind. Es reduziert den Schmerz nicht, aber es hilft verstehen, wenn wir uns die gesellschaftliche Großwetterlage ansehen.

Der Kultursoziologe Detlev Pollack (Frankfurt/Oder) nennt sechs Trends, denen die Kirchen ausgesetzt sind und gegen die sie nicht viel machen können: (1) Die Kirchen werden immer noch häufig „als Herrschaftsinstitutionen wahrgenommen", die „sich wenig um die Bedürfnisse der Menschen kümmern". (2) Die Bindungskraft der Kirchen wurde durch Wohlstandsanhebung, Technisierung, Rationalisierung etc. nachhaltig geschwächt, weil Gefühle der Abhängigkeit und des Angewiesenseins abgenommen haben. (3) Durch die funktionale Ausdifferenzierung der modernen Gesellschaften verliert „die Religion ihre beherrschende Stellung". (4) Aufgrund der Individualisierung „können auch religiöse Praktiken und Überzeugungen nicht mehr so stark wie früher gesellschaftlich abgestützt werden und müssen nun zunehmend individuell verantwortet werden". (5) Aufgrund der Pluralisierung „relativieren sich die unterschiedlichen religiösen Wahrheitsansprüche wechselseitig". (6) Durch die enorme Horizonterweiterung in Wissenschaft, Medizin, Tourismus oder Massenmedien gibt es „eigentlich keinen Bereich mehr [...], der nicht prinzipiell überfragbar und kritisierbar ist und anders gedacht werden könnte. Plätze einer unbefragbaren Gültigkeit lässt die moderne Gesellschaft nicht mehr zu."[42] Dazu kommen die „harten gesellschaftlichen Zwänge": (1) Der Primat des Ökonomischen und der Erwerbsarbeit führt dazu, dass viele Menschen keine Zeit für anderes mehr finden (wollen). (2) Flexibilitätsforderungen, wieder vornehmlich ökonomisch motiviert, führen zur Entwurzelung und schneiden damit auch kirchliche Wurzeln ab. (3) Die relativ geordnete Welt des Kleinbürgers (kirchliche Kernklientel) verschwindet, besonders im Osten. An ihre Stelle tritt eine „Unterschicht" mit geringen gesellschaftlichen und damit auch kirchlichen Teilhabechancen.

Das ernst zu nehmen, darf nicht einfach bedeuten, dass sich die Pastoren bzw. die Haupt- und Ehrenamtlichen in der Kirche jetzt eben umso mehr anstrengen müssen. Solche Lösungen greifen zu kurz, weil damit die Kräfte

---

42 Pollack, Kirche, 121f.

der Einzelnen überschätzt und die Auswirkungen gesellschaftlicher Umwälzungen unterschätzt werden, was in der Kirche nicht selten passiert. *Es geht darum, die Wirklichkeit abnehmenden kirchlichen Einflusses endlich ernst zu nehmen und die Vorstellung aufzugeben, dass die innere und äußere Erosion durch eine geniale Idee, Vision, Konzeption etc. aufgehalten werden könnte.* Das scheint mir eine entscheidende Voraussetzung dafür zu sein, sinnvoll und wirksam an Verbesserungen zu arbeiten, Menschen zur Gemeinde einzuladen und sie für den Glauben zu gewinnen, sich dabei aber nicht zu „überheben".

In der Bibel wird das neue Leben durch das Absterben und den Tod hindurch verheißen, nicht daran vorbei. Manche, auch ich, würden gerne hören: „Fürchtet euch nicht! Euer gesellschaftliches Ansehen und euer Einfluss werden wachsen und erhalten bleiben." Die biblische Verheißung ist dagegen: „Meine Kraft ist in den Schwachen mächtig." Wenn dieser Sauerteig gesellschaftlich wirksam wird, ist das etwas anderes, als wenn Pfründe und Besitzstände gesichert werden.

Erfahrung der verändernden Kraft des Evangeliums

Wenn wir Christi Leiden und Sterben und die uns zugemuteten Ohnmachtserfahrungen ernster nehmen würden, würden wir dem religionskritischen Aspekt des Christentums mehr Raum geben. Neben der stabilisierenden Wirkung des christlichen Glaubens käme dann die prophetische, aufrüttelnde und verändernde Kraft des christlichen Glaubens stärker zur Geltung, und zwar zunächst uns selbst gegenüber. Wir würden eigene, neue *Erfahrungen mit dem befreienden Evangelium* machen.

Gert Otto unterscheidet zwischen Religion 1 und Religion 2: „Religion 1" versteht er im Anschluss an Hans-Eckehard Bahr und die Kritische Theorie als Religion, die Bestehendes stabilisiert.[43] Dazu gehören all die Handlungen und Erfahrungen, die stärken,

---

43 Otto, Handlungsfelder, 26f.

bestätigen, trösten, vergewissern, ermutigen. Das zu erfahren, ist ein menschliches Grundbedürfnis. Deshalb suchen wir nach Gleichgesinnten und fühlen uns wohl, wenn andere wie wir denken; wir fühlen uns dagegen nicht selten gestört, wenn in der eigenen Gruppe jemand eine deutlich andere Meinung vertritt, eine Meinung, die nicht zur eigenen Richtung passt. „Religion 2" durchbricht die Stabilisierung des Bestehenden durch ihre prophetische und befreiende Wirkung. Dazu gehören all die Handlungen und Erfahrungen, die irritieren, aufrütteln, durcheinander bringen, zum Nach- und Neudenken zwingen. In der Bibel findet sich diese Dimension vor allem in den aufrüttelnden Worten der Propheten, die Unrecht schonungslos aufdecken und Veränderung anstoßen bzw. ausdrücklich fordern (Vgl. z.B. Jes 1 und 5, Amos 5). Auch Jesu Umkehrruf steht in dieser Tradition. Prophetische Worte bewirken bei denen, die sich darauf einlassen, Freiheit: Freiheit, der Wirklichkeit ins Auge zu schauen, sich ihr zu stellen und Konsequenzen daraus zu ziehen. So entstehen neue Erfahrungen mit uns selbst.

Gerade Hauptamtliche und engagierte Ehrenamtliche in der Kirche sind darauf angewiesen, dass sie nicht nur anderen prophetische Worte sagen, sondern eigene Erfahrungen damit machen, dass ihnen prophetische Worte gesagt werden: dass ihre Wirklichkeit entlarvt wird und so heilsame Freiheit wächst. Die eigene Ohnmacht und Hilflosigkeit anzuschauen und anzuhalten, ist schmerzlich und befreiend zugleich.

Ökumenische und gesellschaftliche Öffnung

Der Blick auf die eigenen Unvollkommenheiten macht offen für das Heil, das sich in anderen Segmenten kirchlicher Wirklichkeit niederschlägt, und fördert somit das Gespür für die Relativität und das Unvollendete in der eigenen Theologie und kirchlichen Praxis. Er hat also eine zutiefst *ökumenische Dimension*. Er bewirkt auch eine gesellschaftliche Öffnung und fördert das wohlwollend-kritische Gespräch mit anderen Religionen, zu dem das demütige Hinhören genauso gehört wie das selbstbewusste Einbringen der eigenen Glaubensüberzeugungen, in dem

Wissen, dass wir genauso wie andere auf die Kraft des befreienden Evangeliums angewiesen sind.

Wie es konkret aussehen könnte, sich auf ein gleichberechtigtes Gespräch mit sog. kirchenfernen Menschen einzulassen, die eigene Theologie zu befragen und dadurch bereichert zu werden, habe ich an anderer Stelle am Beispiel Männer entfaltet.[44]

44 Vgl. Knieling, Mannsbilder.

II. *Gemeindegesundungsprozesse*

5. Was dient der Gemeindegesundheit?

Heil-Land für Gemeinden

Gemeinden werden als Orte verstanden, in die sich Menschen einbringen können, in denen sie Heimat finden. Menschen schlagen Wurzeln in einem sozialen Gefüge, in bestimmten Wertvorstellungen und Glaubensüberzeugungen, an einem Ort, der Raum für unterschiedliche Spiritualität bietet. Gemeinden sind Orte, an denen Verletztes Platz und Zeit zum Heilen hat, in denen Menschen mit ihren Ecken und Kanten ernstgenommen werden etc. So werden *Gemeinden* für andere zum *Heil-Land*, wie es der Wiener katholische Pastoraltheologe Paul M. Zulehner und der rheinische Pfarrer Ulrich Laepple, Referent bei der AMD (Arbeitsgemeinschaft Missionarische Dienste) in Berlin, formulieren.[45]

Manchmal sind Gemeinden genau das aber nicht. Menschen fühlen sich überfordert. Sie erfahren oder stiften Unheil. Sie fügen sich gegenseitig Verletzungen zu usw. Auch das gehört zur Wirklichkeit christlicher Gemeinden. Deshalb ist nicht nur zu fragen, wie Gemeinden Heil-Land werden können, sondern auch, was Heil-Land für Gemeinden sein könnte. Wo also sind, im Bild gesprochen, die

45 Laepple, Gemeinde als Heil-Land.

‚Sanatorien' für Gemeinden? Wer gönnt ihnen eine Auszeit, damit sie sich regenerieren und erholen können? Heil werden kann ja auch bedeuten, Wunden, Narben, Ungeheiltes oder Unheilbares zu akzeptieren. Manche Krankheit kann nicht geheilt, sondern nur ertragen werden. Und man braucht Zeit, um neue Kräfte zu sammeln.

Gesundheit ist relativ

In der *Gesundheitsdiskussion* setzt sich immer mehr ein relatives Gesundheitsverständnis durch.

Gesundheit wird verstanden als „Fähigkeit [oder Voraussetzung], auf die Anforderungen des Lebens gut zu reagieren. [...] Der graduelle Unterschied zwischen Gesundheit und Krankheit liegt darin, dass einem gesunden Lebewesen die Auseinandersetzung und Anpassung (mehr oder weniger gut) gelingt, während ein krankes Lebewesen (mehr oder weniger) in seiner Existenz bedroht ist. [...] In den biblischen Heilungsgeschichten wie auch in aktuellen Heilungserfahrungen geht es ja weniger darum, dass ein Mensch in den Zustand vollkommenen Wohlbefindens versetzt worden sei, sondern dass er oder sie nach einer Situation der Gefährdung wieder in der Lage ist, auf die Anforderungen des Lebens gut zu reagieren."[46]

Dem entspricht, dass in der Medizin neben der Entstehung der Krankheiten (Pathogenese) die Entstehung der Gesundheit und ihre Bedingungen (Salutogenese) erforscht werden. Die Salutogenese „versteht Gesundheit nicht als etwas Festes, das in der Krankheit verloren geht, sondern als ein Lebensmerkmal, das genauso wie die Körpertemperatur ständig aufrecht erhalten werden muss".[47]

---

46 Das Zitat bezieht sich auf die Definition der WHO in der erweiterten Fassung von 1997, die Gesundheit als einen „dynamischen Zustand *vollkommenen* biologischen, sozialen, psychischen und spirituellen Wohlbefindens, nicht nur [als] die Abwesenheit von Krankheit" versteht. Bartmann, Heilungsversprechen, 13–15, kursiv R.K.
47 Walter Michael Gallmeier im Geleitwort zu Kappauf, Wunder, 11.

Es ist also (relative) Gesundheit, wenn ich einigermaßen gut und gesund mit bestimmten Einschränkungen, z. B. durch Behinderungen oder chronische Krankheiten, umgehen kann, auch wenn die Behinderung nicht verschwindet oder keine vollständige Genesung eintritt. Zur relativen Gesundheit gehört auch, dass die ständige Sorge um die Gesundheit unterbrochen bzw. reduziert wird und das Gesundheitsstreben seine manchmal fast absolute Macht verliert. Der Kölner Arzt Manfred Lütz spitzt es so zu: „Nichts ist so krank, wie unser Streben nach Gesundheit." Und er zitiert Platon: „Die ständige Sorge um die Gesundheit ist auch eine Krankheit."[48]

Gemeindegesundheit – und was ihr dient

Ich beziehe diese Einsichten auf die konkrete Gemeindearbeit im Zeichen von Anfänglichkeit und Fragment und frage: Was ist Gemeindegesundheit? Eine Gemeinde ist im Sinne des eben beschriebenen Gesundheitsbegriffs dann gesund, wenn sie „auf die Anforderungen des Lebens gut reagiert. Der graduelle Unterschied zwischen Gesundheit und Krankheit liegt darin, dass einer gesunden Gemeinde die Auseinandersetzung und Anpassung (mehr oder weniger gut) gelingt, während eine kranke Gemeinde (mehr oder weniger) in ihrer Existenz bedroht ist." Das bedeutet auf der einen Seite: Es geht bei der Rede von der Gemeindegesundheit nicht um einen „dynamischen Zustand *vollkommenen* sozialen und spirituellen Wohlbefindens", was von Mitarbeiterinnen und Mitarbeitern in der Kirche nicht selten als Zustand ungetrübter Harmonie verstanden wird. Von Gesundheit im relativen Sinn spreche ich, wenn eine Gemeinde mit den alltäglichen Herausforderungen gut umgehen kann: wenn die Überforderungstendenzen der Mitarbeiter/-innen im Blick sind und Einzelne gezielt entlastet werden oder Entlastung erkämpfen; wenn das Evangelium z. B. durch Gottesdienst oder An-

48 Lütz, Lebenslust, Rückseite und 5.

dacht, Hauskreis oder Seelsorge die Kraft hat, Ärger oder gar Feindseligkeiten zu unterbrechen und so neuen Mut zu stiften, sich aufeinander einzulassen und Gottvertrauen zu wagen. Von relativer Gemeindegesundheit spreche ich, wenn Konflikte so gelebt oder bearbeitet werden können, dass nicht dauerhafte Feindseligkeiten und Verhärtungen entstehen oder Gemeinden gar auseinander brechen. Gesund ist es außerdem, Krankheiten als Gefährdungen der Gesundheit zu erkennen.

Wie bei der Rede von einer gesunden Gemeinde geht es auch bei der Rede von einer kranken Gemeinde nicht um einen absoluten, sondern um einen relativen Unterschied zu einer gesunden Gemeinde, die auch Krankheitsherde in sich tragen kann. Eine kranke Gemeinde ist, hoffentlich vorübergehend, in ihrer Existenz bedroht. Das kann durch Überforderungsdynamiken, die Menschen nicht wahrnehmen (wollen), genauso geschehen wie durch unbewegliches Verharren in der Tradition oder durch eine drohende Spaltung, weil „Bewahrer" und „Beweger", warum auch immer, nicht zusammen kommen. Ein kranke Gemeinde braucht neben den vorhandenen „Selbstheilungskräften" Unterstützung durch „Medizin", im übertragenen Sinn vielleicht Impulse von außen durch Seelsorge, Supervision etc. Welche Gewohnheiten verändert werden können oder müssen, kann in der Gemeindeberatung erarbeitet werden. Daneben hilft die Suche nach Orten und Zeiten, die Kraft geben, das Gottvertrauen erhalten oder neu entzünden, die Liebe entfachen und die Hoffnung stärken. Hier wäre zu fragen, was der spirituellen Erneuerung der Menschen in der Gemeinde dient. In welcher Weise tragen die Gottesdienste dazu bei? – Manche Gottesdienste haben ein erhebliches Aufforderungspotenzial! – Was braucht es darüber hinaus? Welche Entlastung ist nötig? Was dient den Gemeindegesundungsprozessen?

Zunächst ist es hilfreich, sich der Relativität der Gesundheit bewusst zu werden. Es ist also (relative) Gemeindegesundheit, wenn die Gemeinde mit bestimmten Einschränkungen, z.B. durch die zahlenmäßige Begrenzung der Mitarbeitenden oder ihre „nur" durchschnittlichen Begabungen, durch Finanzkürzungen oder Umstrukturierungen, einigermaßen gut umgehen kann, auch wenn die Beschränkungen nicht verschwinden oder keine vollständige Genesung eintritt. Der Gemeindegesundheit dient es auch, Krankheiten als etwas zu verstehen, das zum Leben dazu gehört. Und ein gesunder Umgang mit Krankheiten bedeutet, diese ernst zu nehmen, eine genaue Diagnose zu stellen und sich dann, sofern möglich, eine entsprechende Therapie gefallen zu lassen.

6. Gott und sich selbst unterscheiden

Wenn Gott nicht so anders wäre

Wenn Gott wie wir wäre, könnten wir seine Verantwortung und unsere leichter vergleichen und unterscheiden, quasi zwischen zwei Partnern aufteilen. Weil er aber wesenhaft anders ist als wir, geht es um zwei verschiedene Dimensionen: Gottes Handeln geschieht unter anderen Voraussetzungen als das der Menschen. In unserem Denken aber geht beides ineinander. Wir können Gott und seine Offenbarung eben nur aus unserer Sicht, nicht „an sich" beschreiben. Wir denken über Gott nach, bezeichnen Erfahrungen als Gottes-Erfahrungen, deuten Erlebnisse aus dem Glauben, auch aus unseren Zweifeln und Ängsten heraus. Theologische Überzeugungen sind wesentlich durch Erfahrungen in der Biografie geprägt und umgekehrt. Und so unterschiedlich Biografien sind, so verschieden sind theologische Überzeugungen. Keiner steht an Gottes Stelle und könnte sagen, wie es richtig ist. Wer aber entscheidet dann, was „richtig", „situationsgerecht" oder „angemessen" ist? Der Alttestamentler Jürgen Ebach schreibt zu den verschiedenen, teilweise miteinander konkurrierenden theologischen Schwerpunkten in der Bibel:

„Was *gelten* soll, muss in den Gemeinden und Synoden, in in-offiziellen Gesprächen, in Seminardiskussionen, im Diskurs der Forscherinnen und Forscher, in gemeinsamer Bibellektüre von ,Schriftgelehrten' und Laiinnen und Laien in freier und demo-kratischer Diskussion ausgehandelt werden. Keineswegs ist die Wahrheit stets bei der Mehrheit, aber [...] es gibt (in der Kirche wie im Staat) keine im Prinzip bessere Entscheidungsebene als die der freien Diskussion und dann der Abstimmung."[49]

Weil aber die Wahrheit nicht einfach bei der Mehrheit ist, müssen die Auffassungen der Minderheit im Gespräch bleiben. Denn es ist nicht ausgemacht, ob „das was heute *nicht* gelten soll", nicht zu einer anderen Zeit „wieder zur Geltung gebracht werden muss".[50]

Das beschriebene Gespräch ist vor allem dann mühsam, wenn einzelne Gesprächsteilnehmer entweder die empirischen Anteile ihrer theologischen Überzeugungen nicht wahrnehmen möchten oder die theologische Impli-kationen ihrer Erfahrungen nicht sehen wollen.

Drei Beispiele

- In einer Gesprächsrunde Anfang der 90er Jahre zwischen Vertreterinnen und Vertretern der charismatischen Bewe-gung und der Evang.-Luth. Kirche in Bayern konstatierte der spätere Landesbischof Hermann von Loewenich: „Was Sie als *menschlich* betrachten, betrachten wir als *geistlich*. Was Sie als *geistlich* betrachten, betrachten wir als *mensch-lich*." (aus dem Gedächtnis zitiert) Der konkrete Hintergrund war: In einer Gemeinde wurden Einladungen zum Kirchen-vorstand nicht fristgerecht verschickt, sondern mündlich nach dem Gottesdienst ausgesprochen. Manche haben das leider nicht mitbekommen und unterstellten dem charisma-tisch geprägten Gemeindepfarrer Absicht. Der war empört, wie man so viel Wert auf Formalien legen und so empfind-lich sein könne, statt geistlich großzügig zu sein. Von Loe-

49 Ebach, Gott, 478f.
50 Ebd., 477.

wenich: „Eine fristgerechte Einladung ist für mich ein Akt der Wertschätzung und Liebe und deshalb nicht etwas bloß Menschliches, sondern etwas Geistliches."

- In einer Podiumsdiskussion beim Kirchentag vor einigen Jahren traten einige Teilnehmer für ihre Vorstellung von Liebe und Harmonie ein. Als ein zugleich profilierter und moderater Vertreter aus der evangelikalen Szene seine Überzeugung vortrug, wurde er mit Häme und Verachtung bedacht. Es entwickelte sich ein Streitgespräch, in dessen Verlauf deutlich wurde: Für einen Teil der Podiumsteilnehmer ist alles Positionelle, jede bewusst formulierte Überzeugung, und mag sie noch so sehr mit Toleranz im wörtlichen Sinn (Ertragen) verbunden sein, fundamentalismusverdächtig und steht gegen das eigene Harmonieideal. Dass damit das eigene Ideal absolut gesetzt wurde und quasi religiöse Züge bekam, konnten oder wollten sie nicht sehen. Anders das Publikum: Es entwickelte immer mehr Sympathien für den Vertreter der Evangelikalen, was in einer Kirchentagshalle nicht zu den gewohnten Erfahrungen gehört.

- Ernst Kirchhof, Pastor im Bund Freier evangelischer Gemeinden, erzählt in einem Vortrag: Bill Hybels, Initiator und Hauptpastor der Willow Creek Community Chicago, „ist mit einem Schiff auf dem Michigan-See unterwegs und gerät in einen Sturm. Bei mir weckt dieses Bild sofort biblische Assoziationen: Mir fällt Mt 8,23–27 – die Sturmstillung ein, oder Mt 14,22–33 – Jesus und der sinkende Petrus auf dem See. Anders Hybels: Er greift diese so nahe liegenden biblischen Parallelen, die ohnmächtige und ängstliche Menschen und einen zwar scheinbar abwesenden aber allmächtigen Herrn zeigen, nicht auf. Wenn Hybels sich in einem solchen Sturm fragt, ob er es wohl bis zur anderen Seite schaffen wird, dann hilft ihm dabei Folgendes: ,Solche Momente sind sehr extrem. Doch früher oder später gelingt es mir, meine fünf Sinne wieder zusammenzunehmen und mich daran zu erinnern, dass es noch eine andere Perspektive vom Michigan-See gibt. Eine Perspektive, mit der ich auch sehr vertraut bin: Die Perspektive eines Piloten. [...] Im Geiste schaue ich dann aus dem Cockpit eines Privatjets aus 25.000 Fuß Höhe herab auf mein Elend. Ich stelle mir den Blick von oben vor und sage mir: Von hier ist die gegenüberliegende Küste bereits zu sehen. Von hier liegt der Zielhafen klar im Blick. Von hier scheinen die Wellen gut zu bewältigen. Ob sie es glauben oder nicht, kann ich es mit dieser gedanklichen Perspektive gut aushalten. Ich kann weitersegeln. Ich kann anfangen zu glauben, *dass ich es tatsächlich schaffen werde* [Hervorhebung E.K.]. Aber ich brauche diese andere Perspektive, die mir neue Hoffnung gibt und meine Entschlossenheit stärkt.'"[51] Dazu passt das Programm: „Ich glaube mit jeder Faser meines Lebens, dass Leiter von Ortsgemeinden das Potenzial haben, die einflussreichste Macht auf dem Planeten Erde zu sein. Wenn sie das verstehen und daran arbeiten, können Gemeinden zu Zentren werden, in denen Menschen Erlösung finden – so wie Jesus es sich vorgestellt hatte. [...] Das bedeutet, dass die Zukunft der Welt auf sehr reale Weise in den Händen von Ortsgemeinden wie ihrer und meiner liegt. Entweder die Kirche schafft es, oder – gute Nacht!"[52] Kirchhof kommentiert: „Hybels hat ein Prinzip gefunden, wie er die Dinge in den Griff bekommt und genau das ist das Problem. Er selbst führt sich die andere Perspektive vor Augen. Der Mensch muss es schaffen, auf sein Tun kommt es an. Was aber, wenn ich wirklich am Ende bin mit meinen Kräften? In den neutestamentlichen Texten hat Gott die Dinge im Griff, denn die Jünger schaffen es nicht, ‚ihre Sinne wieder in den Griff zu bekommen'."[53]

Dass ich dennoch empfehle, sich von der Arbeit der Willow Creek Community anregen zu lassen, wird Kapitel 8 zeigen.

51 Kirchhof, Person, 16f; Hybels, Mutig führen, 276.
52 Hybels, Mutig führen, 12, 24.
53 Kirchhof, Person, 17.

Unverfügbares Wirken Gottes und
unsere Verantwortung

Wie lässt sich angemessen zwischen *unserer Verantwortung* auf der einen Seite und *unverfügbarem Wirken Gottes* auf der anderen Seite unterscheiden? Persönlicher Glaube, Gottvertrauen, Erneuerung der Herzen, Wachstum des Glaubens, der Hoffnung und der Liebe untereinander entziehen sich dem menschlich Machbaren. *Letztlich* entzieht sich auch zahlenmäßiges Wachstum der Gottesdienstbesucherzahlen menschlicher Machbarkeit. Natürlich gilt einerseits: Durch attraktive, herausfordernde, ermutigende Gottesdienste, durch intensive Kasualarbeit, durch regelmäßige Besuche etc. können Gottesdienstbesucherzahlen manchmal erhöht werden. Denn wer gesehen wird, lässt sich manchmal auch wieder sehen. In dem „manchmal" aber liegt genau das Problem. Es gibt keine Garantie. Wer Besuche „nur" macht, um die Gottesdienstbesucherzahlen zu erhöhen, braucht sich nicht wundern, wenn es nicht klappt. Menschen spüren, ob uneigennütziges Interesse an ihnen im Vordergrund steht oder ob das Eigeninteresse der Kirche dominiert. Aber auch diejenigen, die relativ selbstlos und mit wirklichem Interesse an Menschen Besuche machen, haben keine Garantie für sichtbaren, äußeren Erfolg. Ich kenne Kollegen, die es in der einen Gemeinde „geschafft" haben, die Gottesdienstbesucherzahlen zu verdoppeln, es in der nächsten Gemeinde aber nicht schaffen, die Zahl erkennbar zu erhöhen. Damit ist eine ebenso heilsame wie leidvolle Ohnmacht verbunden. Optimierbar sind Strukturen, Rahmenbedingungen, Kommunikationsformen. Gottvertrauen, Liebe von Herzen und Hoffnung, die Resignation oder Größenwahn durchbricht, entziehen sich unserer Mach- und Optimierbarkeit.[54] Eine Unterscheidung in dem eben beschriebenen Sinn trifft Jens Martin Sautter in seiner Analyse der Glaubenskurse, wenn er zwischen Glaube als Ereignis des unverfügbaren Wirkens des Geistes und lehr- wie lernbarer Spiritualität im

---

54 Vgl. die Differenzierung der Begriffe in Kapitel 3.

Sinne von vermitteltem Wissen und erwerbbaren Fähigkeiten differenziert.[55]

Gottes Segen

Viele der eben genannten Aspekte werden mit Gottes Segen verknüpft. Im Segen werden barmherzig bewahrendes Handeln und barmherzig erneuerndes Handeln Gottes miteinander verbunden, wenngleich der Segen häufig eher als bewahrendes Handeln denn als Erneuerung, Erlösung und Rettung verstanden wird. Das gilt sowohl für den alltagsprachlichen Gebrauch des Wortes, als auch für die theologische Literatur.[56] Neben der Bewahrung (erster Glaubensartikel) darf der Aspekt der Erneuerung, Erlösung und Rettung (zweiter und dritter Glaubensartikel) nicht übersehen werden. In diesem Sinne erklärt der Erlanger Praktische Theologe Manfred Seitz den aaronitischen Segen: „Gott gewährt Schutz im bedrohten Bereich des persönlichen Lebens. Gott erweist seine Gnade im Bereich des Glaubens. Gott setzt Frieden im empfindlichen Bereich des sozialen Lebens."[57]

Es ist biblisch-theologisch angemessen, dieses Segenswort auch im Plural der Gemeinde zuzusprechen: „Der HERR segne euch und behüte euch." In der sozialen Dimension des dritten Teils ist der Plural schon impliziert, außerdem werden in den Segensworten Jesu die Jünger (z. B. Lk 24,36; Joh 20,19.21.26) oder in den Briefen des Neuen Testaments die Gemeinden jeweils im Plural angeredet.

---

55 Sautter, Spiritualität, 40–42.
56 Claus Westermann z. B. unterscheidet klar zwischen segnendem und rettendem Handeln Gottes; ders., Segen, 9–22. Vgl. dagegen den trinitarischen Ansatz bei Dorothea Greiner, Segen, und den heilsgeschichtlichen bei Magdalena Frettlöh, Segen.
57 Seitz, Lebenswort, 39. – Aaronitischer Segen in Num 6,24–26: „Der HERR segne dich und behüte dich; der HERR lasse sein Angesicht leuchten über dir und sei dir gnädig; der HERR hebe sein Angesicht über dich und gebe dir Frieden."

Das Besondere am Segen ist, dass er sich nicht in einer Aussage über Gott (in der 3. Person) erschöpft, sondern dass er mit direkter Anrede (2. Person) zugesprochen wird, und zwar nicht im eigenen Namen, sondern im Auftrag des Herrn. Die Wunschform („segne dich/euch") macht deutlich, dass *Gott* sein Handeln überlassen wird und dass es menschlich nicht verfügbar ist. Als *Gottes* Handeln ist es aber etwas, das nicht „über die Köpfe hinweg" geht, sondern ins Leben hineinkommt und dort wirkt. In Wort und Zeichen (Handauflegung) wird der Mensch innerlich und äußerlich berührt. Im Segen liegt eine Kraft, die alltägliche Zusammenhänge, eingeübte Verhaltensformen und destruktive Dynamiken unterbricht und damit deren Kraft reduziert und diese entmachtet. Wenn im Segen jemand mit dem Kreuz „bezeichnet" wird (signare, segnen), wenn durch Handauflegung der „Name Gottes" auf jemanden gelegt wird, oder anders: wenn im Segen jemand der Herrschaft Gottes unterstellt wird, geht es ums Losreißen aus anderen Kräften und Energien, Mächten und Gewalten. Damit haben der Segen und das Segnen immer auch erlösende und erneuernde Wirkung. Segen unterbricht die Macht der Gegenwart und befreit für die Zukunft. „Durch den Segensakt geschieht also gerade eine Verklammerung von Präsentischem und Futurischem. Die Wirkung des Segens hat schon begonnen, auch wenn die Erfüllung des im Segen Zugesagten noch aussteht oder nur punktuell aufscheint. Gesegnet zu sein, lässt hoffen."[58] Durch den Segen werden also neben aller bewahrenden Wirkung Glaube, Hoffnung und Liebe (Frieden) entzündet.[59]

Im Segnen lassen wir Gott Gott sein, überlassen sein Handeln ihm, und übernehmen zugleich unsere Verantwortung für das, wozu wir beauftragt sind: einander zu segnen (Num 6,23; 1Petr 3,9; auch Lk 6,28 und

---

58 Greiner, Segen, 249.
59 Vgl. dazu in Kapitel 3 die Unterscheidung der drei Dimension des Fragments, die am Ende in Kap 13 unter dem Stichwort Spiritualität noch einmal aufgenommen werden.

Röm 12,14). Das geschieht am Ende eines jeden Gottesdienstes. Und Menschen nehmen das dankbar wahr. Es geschieht an wichtigen Übergängen bzw. Bestätigungen bisher eingeschlagener Wege: bei der Taufe, der Konfirmation und der Hochzeit, auch bei der Ordination oder bei Einführungen von Mitarbeiterinnen und Mitarbeitern. Und es geschieht in Einzelsegnungen, die sich immer größerer Beliebtheit erfreuen und die in Gottesdiensten, bei Tagungen und Freizeiten angeboten werden, in der Thomasmesse als Salbung.[60]

Ein Kollege erzählt von einem Presbyteriumswochenende. „Ich habe die Presbyter/-innen gefragt: ‚Wo sind Ihnen Gottesdienste in Erinnerung, die Sie ‚berührt' haben, die auch dauerhaft in Erinnerung geblieben sind?' Häufig kam als Antwort: ‚Die persönliche Segnung im Abendgottesdienst tut gut.' Nur selten wurde die Predigt genannt, wobei abstrakt der Wunsch nach einer klaren lebensnahen Predigt auch sehr häufig kam, aber eben als Wunsch und nicht als Erinnerung."

7. Gemeinde entwickeln

So sehr auf der einen Seite zu betonen ist, dass manches nicht unsere Verantwortung ist, so sehr gilt auf der anderen Seite: Manches *ist* unsere Verantwortung. Und es geht darum, dass wir sie wahrnehmen. Im medizinischen Bereich ist es klar, dass nicht nur eine Diagnose zu stellen ist, sondern, wenn irgend möglich, auch eine angemessene Therapie durchzuführen ist. Das ist unumstritten, auch wenn Therapien manchmal überschätzt werden und wenn die Heilung letztlich weder in den Händen der Ärzte noch in den Händen der Patienten liegt.[61]

Zum verantwortlichen Handeln im kirchlichen Bereich gehören die systematische Arbeit an der Gemeinde-

60 Vgl. Haberer, Thomasmesse.
61 Zur Entlarvung der „Gesundheitsreligion" vgl. Lütz, Lebenslust.

entwicklung, basierend auf genauer Analyse und Diagnose, die Gestaltung von Veränderungsprozessen und die Entwicklung eines Leitbildes, die Formulierung konkreter Ziele und realistischer Schritte. Es ist hier nicht der Ort, zu entfalten, was an anderer Stelle kompetent und konkret beschrieben wurde.[62] Ich konzentriere mich darauf, die Verantwortungsbereiche bezüglich unseres Themas zu beschreiben und greife dazu im nächsten Punkt noch einmal die Unterscheidung der Begriffe und Phänomene aus Kapitel 3 auf.

Verbessern – nicht vervollkommnen

Manches kann und muss *verbessert* werden: Verwaltungsabläufe, Präsenzregelungen im Pfarramt, Personalentwicklung, Kommunikationsformen und Konfliktfähigkeit. An manchen Stellen sind die Diagnosen klar, an manchen können sie noch präzisiert werden. Dabei ist natürlich zu fragen, wie hoch die Latten jeweils gelegt werden. Ehrlich gesagt: In manchen Bereichen liegen sie mir zu hoch und in manchen Bereichen zu niedrig. Im Bereich der Sitzungsleitung in Gremien habe ich viel mittelschlechte Vorbereitung und Durchführung erlebt. Das halte ich für einen wirklich unverantwortlichen Umgang mit der Zeit der ehren- und hauptamtlichen Mitarbeiterinnen und Mitarbeiter. Und es gibt ja viele Hilfestellungen, die in überschaubarer Zeit erlernt werden können. Auf der anderen Seite wäre die Latte zu hoch gelegt, wenn wir meinen würden, es müsse immer optimal laufen: jede Sitzung muss perfekt vorbereitet sein, jeder hauptamtlich Mitarbeitende muss durch die Kirchenleitung individuell gefördert werden, Kommunikations- und Konfliktfähigkeit müssen perfektioniert werden. Nein! *Es geht wohl um Verbesserung, aber nicht um Vervollkommnung.*

---

62 Vgl. z. B. Arbeitsbuch Ökumenische Gemeindeerneuerung; Hendriks, Gemeinde von morgen; Lindner, Kirche; Spirituelles Gemeindemanagement, u. a.

Im Blick auf einzelne Vorgänge und Bereiche kann relativ genau beschrieben werden, was in welcher Weise und mit welchen Mitteln optimiert werden kann. Was bedeutet aber Optimierung im Blick auf die Gemeindeentwicklung insgesamt? Wenn es um die Gesamtperspektive für die Gemeinde geht, kommen die faktisch leitenden Bilder von Gemeinde ins Spiel, die die Einzelnen im Kopf haben. Die einen stellen sich eine missionarisch ausstrahlungskräftige Gemeinde vor, anderen geht es stärker um diakonisches und gesellschaftliches Engagement. Den einen liegt niveauvolle Kirchenmusik besonders am Herzen, anderen die Bekenntnistreue der Gemeinde. Diese Leitvorstellungen prägen die unbewusste und bewusste Gemeindeentwicklung. Wie mit diesen unterschiedlichen Vorstellungen in einer Gemeinde und in einem Team von Hauptamtlichen gemeinsame Arbeit gelingen kann, ist zentrales Thema in der Gemeindeberatung. Auch hier gilt: *Es geht um Verbesserung der Zusammenarbeit einschließlich der Konflikt- und Konkurrenzfähigkeit, nicht um deren Vervollkommnung und schon gar nicht um eine vollkommene Gemeinde.*[63]

Verbesserungen als Anpassungsleistungen

In vielen Gemeinden gelingen Schritt für Schritt kleine Verbesserungen, gemessen an dem, was man selbst für eine Verbesserung hält, und doch sind Ehren- und Hauptamtliche oft nicht damit zufrieden. Die Verbesserungen sind zahlreich: Verschiedene Gottesdienstformen kommen unterschiedlichen Bedürfnissen entgegen, liturgische Präsenz und Kompetenz werden ausgebildet und gefördert, die Begleitung an Knotenpunkten des Lebens wird kompetent gestaltet (Kasualgottesdienste und -seelsorge), Ideen aus anderen Teilen der Welt werden aufgenommen und

---

63 Wie Konkurrenzfähigkeit der Kooperation dienen kann, habe ich in meiner Habilitationsschrift *Konkurrenz in der Kirche* gezeigt.

umgesetzt. Aber der sichtbare äußere Erfolg ist nicht so groß, wie ihn manche wünschen. Woran liegt das?

Oft können Dinge gar nicht wirklich „besser" als früher gemacht werden. Sie müssen aber „anders gut" gemacht werden, weil die Zeiten sich geändert haben und weil heute eben andere Dinge „gut" sind als vor 20 oder 50 Jahren. Menschen sind wesentlich individueller und individualistischer geworden, in der Regel auch diejenigen, die das bestreiten. Also müssen die Angebote einer Gemeinde vielfältiger als früher sein (= anders gut, nicht besser). Gleichzeitig ist der zurückgehende gesamtgesellschaftliche Einfluss der Kirche nicht aufzuhalten (vgl. Kapitel 4 und 12). Der Eindruck, der in, mit und unter aller Optimierungsanstrengung bleibt, ist häufig: ,Wir rackern uns ab und doch stoßen wir auf weniger Resonanz als in früheren Jahrzehnten.' Was massive gesellschaftliche Veränderungen mit denen machen, die die Kirche öffentlich vertreten, hat der katholische Theologe Rolf Zerfaß schon 1985 so beschrieben:

„Mehr als früher leiden heute viele Priester unter der Erfolglosigkeit ihres Tuns. Die Auseinandersetzung mit dem Misserfolg war zwar immer ein Thema priesterlicher Existenz, aber neu ist die Härte, mit der ihnen heute vor Augen geführt wird, dass sie am kürzeren Hebel sitzen. [...] Die heutige Priestergeneration treibt Seelsorge nicht mehr im Aufwind der Nachkriegsära, sondern im Gegenwind globaler gesellschaftlicher Entwicklungen, die die Basis religiösen Lebens zerstören."[64]

Das ist mittlerweile viel spürbarer als 1985 und darf nicht einfach übergangen und ignoriert werden. Dass der relativ starke Gottesdienstbesuch in den 50er Jahren historische Gründe hatte (Nachkriegszeit) und in den 20er Jahren wesentlich stärker unseren Verhältnissen entsprach, wird dabei manchmal vergessen. Außerdem ist zu bedenken, dass die im ersten Kapitel skizzierten Konzeptionen in einer Zeit des Aufbruchs und des Fortschrittsoptimis-

---

64 Zerfaß, Seelsorge, 35f.

mus' entstanden sind. Die reformerischen Programme sind vom Geist der empirischen Wende 1968 getragen und die missionarischen Programme hatten, vielleicht nicht zufällig, parallel zur Restauration und Stabilisierung der 80er Jahre ihre Hoch-Zeit. Im Westen gab es mehrheitlich konservative Regierungen: Helmut Kohl, Margaret Thatcher, François Mitterrand, Ronald Reagan. Was bedeutet die ‚gefühlte Rezession' seit Anfang der 90er Jahre und die Verunsicherung durch das Platzen der Aktienblase und den Einsturz der beiden World-Trade-Center-Türme? Sie bedeuten m. E., dass die Ideale der Kirchenreform und Gemeindepädagogik, des Gemeindeaufbaus und der Gemeindeentwicklung zwar geblieben sind, aber der Glaube an die Erreichung der Ziele sich verdünnt oder ganz verflüchtigt hat. Ist das EKD-Impulspapier *Kirche der Freiheit* ein letztes Aufbäumen des Fortschrittsglaubens angesichts der inneren und äußeren Erosion der Kirche oder die Wiederkehr von Aufbruch und Hoffnung?

Verantwortliches Handeln und ein gesunder Umgang mit den eben beschriebenen Entwicklungen wären: Ernstnehmen der gesellschaftlichen Wirklichkeit und Reduktion der eigenen Ansprüche. Das schließt gezielte Veränderungen in kleinen, überschaubaren Einheiten mit situationsgerechten und konkret beschriebenen Schritten nicht aus, sondern ein.

Zum Beispiel: Gemeinde L.

Was ich bisher beschrieben habe, spiegelt sich in dem Bericht eines ganz normalen Pastors in einer typischen und durchschnittlichen Landgemeinde. Pastor P. schildert die Situation seiner Gemeinde und die Veränderungen, die es in den vergangenen Jahren gegeben hat, so:

„Der Besuch des Gottesdienstes ist keine selbstverständliche Tradition. Manche sagen, die Leute schätzen ihre Kirche so sehr, dass sie sie meistens lieber schonen. Im Kollegenkreis schwankt die Reaktion darauf zwischen Zynismus (heute war es wieder ‚liebster Jesu, wir sind vier'), Trauer, Resignation und dem Willen, etwas daran zu verändern.

Zur Zeit werden viele Diskussionen in der Gemeinde, besonders im Presbyterium, von den Struktur- und Finanzfragen bestimmt. Dabei hat sich der Eindruck festgesetzt, es gehe im Grunde schon seit einiger Zeit bergab mit der Kirche, alles werde schwieriger und vieles sei in Zukunft kaum noch möglich. Das sind Abbruchsdiskussionen, keine Aufbruchsdiskussionen. Damit geht einher, dass Visionäre es nicht leicht haben. ‚Das ist Traumtänzerei', sagte ein Kollege, als es um Vorschläge für die Zukunft ging, die sich zunächst etwas verwegen anhörten. Unsicherheit hat sich breit gemacht.

In den vergangenen Jahren und Jahrzehnten gab es folgende Veränderungsprozesse:

- In einer Gegend, in der es Gemeinden gab, in denen Weihnachten öfter im Jahr gefeiert wurde als Abendmahl, ist es schon eine ziemliche Veränderung, wenn seit mittlerweile etlichen Jahren zweimal im Monat Abendmahl im Gottesdienst gefeiert wird. Die Initiative dazu ging von den Pastoren aus, die sich einig waren und schließlich auch die anderen Mitglieder im Presbyterium dafür gewinnen konnten. Anmerkungen, dass diese Häufigkeit des Abendmahls ungewohnt sei, hört man von älteren Gemeindegliedern aber bis heute.

- Schon vor langem wurde damit begonnen, eine andere Form des Gottesdienstes zu feiern, in der Regel dreimal im Jahr, nach Verabredung und je nach Kapazität des vorbereitenden Hauskreises. Die Zahl der Besucher ist, wie in den anderen Gottesdiensten auch, eher übersichtlich geblieben.

- In der Liturgie der Gottesdienste sind nach dem Gottesdienstbuch Veränderungen vorgenommen worden, liturgisch nachvollziehbar und korrekt. Von weiten Teilen der Gemeinde sind sie nicht als solche wahrgenommen worden, weil sie nicht markant genug waren.

- Es wurde eine Arbeit mit Obdachlosen begonnen. Seit Jahren wird einmal in der Woche ein Frühstück für Obdachlose angeboten, das von einem Team getragen und verantwortet wurde und in dessen Rahmen es zu teilweise intensiven Beziehungen zu den Gästen gekommen ist.

- Mitte der 90er Jahre wurde in der Gemeinde – nach einigen Diskussionen über Sinn und Unsinn des Konfirmandenunterrichts – der Vorkonfirmandenunterricht im 4. Schuljahr (KU 4/Hoyaer Modell) eingeführt. Die Initiative kam von meinem Kollegen und wurde vom Presbyterium voll mitgetragen. Eine gewisse Entschiedenheit hat sicher mit zum (äußeren) Erfolg beigetragen. Das Modell ist etabliert, nur wenige entziehen sich. Aber die auch beabsichtigte Einbindung von den Erwachsenen, die den Unterricht für ihre Kinder machen, in die Kerngemeinde ist nur punktuell gelungen. Viele sehen dies als eine einmalige Sache, die man für die eigenen Kinder macht. Es ist irgendwie auch gut, aber das war es dann eben auch. Etwas überspitzt gesagt: Man fällt zurück in die Halbdistanz. Sind diese Leute nicht genug auf ihre eigene Befindlichkeit und ihren eigenen Erfahrungshintergrund zum Glauben angesprochen worden? Gab es vielleicht eine Fixierung auf Stoffvermittlung für diese Form des KU? Waren wir nicht herausfordernd?

- Vor etwa sieben Jahren hat das Presbyterium damit begonnen, einmal im Jahr eine Kurzklausur an einem anderen Ort durchzuführen. Das Miteinander wird gepflegt, Themen, die in der Luft liegen oder schon länger unter den Nägeln brennen, werden in den Blick genommen, Verabredungen für Veränderungen werden getroffen. Aber: Mit den Jahren stellten wir fest: ‚Das hatten wir doch letztes Jahr und davor auch schon einmal benannt.' D.h. Erkenntnisse führten nicht zu Veränderungen, vielleicht weil die Genauigkeit bezüglich der konkret zu gehenden Schritte fehlte.

Was ist an diesen Stellen nun gelungen und was nicht und warum nicht?

Formal sind die vorgenommenen Änderungen gelungen, es wird häufiger Abendmahl gefeiert, das KU 4-Modell ist etabliert, das Presbyterium nimmt sich zwischendurch mehr Zeit für grundsätzlichere Fragen und wird nach wie vor von seinem ehrenamtlichen Vorsitzenden geleitet. Wie tief reichen die genannten Veränderungen, wenn sich vielfach, zumindest sichtbar, nichts ändert oder wenn die Menschen in der Halbdistanz zur Gemeinde Veränderungen scheinbar kaum wahrnehmen? Geht es um die Frage der Transparenz und Kommunikation von Veränderungen oder schlägt hier eine große Orientierung am Traditionellen durch, obwohl wir immer wieder positive Rückmeldungen bekommen, wenn etwas, ein GD z. B., mehr ‚fortschrittlich' war? Vielleicht geht es gerade um beides."

Dieser Bericht ist m. E. ein sehr schönes Beispiel für gelungene Anpassungsleistungen und sinnvolle Veränderungen, die durchaus als Verbesserungen empfunden werden, auch wenn sie vielleicht nicht besser, sondern nur anders gut als früher sind. Dennoch ist der Pfarrer nicht zufrieden. Das löst zweierlei Reaktionen bei mir aus: Einerseits sind mir Menschen sympathisch, die etwas wollen, die verändern und verbessern, die sich mit dem Bestehenden nicht einfach zufrieden geben. Aber gerade deshalb gibt es auch die andere Reaktion: Könnte der Pfarrer nicht auch zufrieden sein? Müsste er nicht seine Maßstäbe reduzieren? Müssen Pfarrer gegen dürftig ausgeprägte Gottesdienstgewohnheiten ankommen? Ist die „Einbindung" der Eltern in die Kerngemeinde nicht ein unrealistisches Ziel gewesen? Hat das Presbyterium etwas erwartet, was es in Ausnahmefällen geben mag – manche Gemeinden wachsen so zahlenmäßig enorm –, was aber nicht die Regel ist?

Das Schwanken zwischen Veränderungswillen auf der einen Seite und Resignation auf der anderen Seite ist verständlich und doch auf Dauer nicht gesund. Ein Ausweg aus dem Entweder-Oder könnten Fragen sein wie z. B.: Was (alles) will ich in der Gemeinde verändern? Was ist mir wie wichtig? Für welche Projekte reichen realistischer Weise meine Kräfte? Wofür gibt es Mitstreiter/ -innen? Welche Erwartungen sind zu hoch?

Unsere Verantwortung ist, unsere Ziele so zu modifizieren, dass sie nicht zu hoch sind und dann notwendigerweise zu Enttäuschungen führen, dass sie uns andererseits aber locken, an Veränderungen und Verbesserungen zu arbeiten.

Vielleicht wäre es hilfreich, zwischen Zielen und Wünschen zu unterscheiden, um die Ziele nicht nur realistisch zu formulieren, sondern sie auch von dem zu unterscheiden, was nicht in unserer Verantwortung steht, sondern in Gottes (vgl. Kapitel 6). *Ziele* sind Dinge, die erreicht werden sollen und für deren Erreichung konkrete Schritte entwickelt werden können. Dabei sind wir im Bereich dessen, was wir als Menschen zu verantworten haben.[65] Deshalb müssen Ziele realistisch formuliert werden, wenn anschließend nicht unnötige Enttäuschungen provoziert werden sollen. Neben den Zielen, deren Erreichung wir uns wünschen können, für die wir aber auch arbeiten können, gibt es *Wünsche*, deren Erfüllung menschlich nicht machbar ist. Wir können z. B. den Wunsch haben, dass Menschen sich vom christlichen Glauben anstecken lassen, dass sie sich in der Gemeinde engagieren, dass sie sich für bestimmte soziale oder gesellschaftliche Aufgaben gewinnen lassen. Doch das entzieht sich zum Glück unserer Machbarkeit. Dass Glaube, Hoffnung und Liebe aufkeimen und wachsen, ist Gottes Werk.

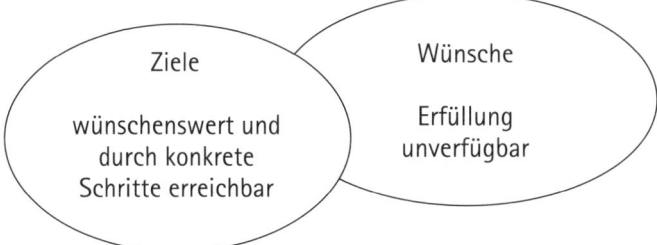

Dass diese beiden Dimensionen, die ich vorläufig als *Ziele* und *Wünsche* unterscheide, in *Kirche der Freiheit* nicht auseinander gehalten werden, ist eines der grundlegenden Probleme des EKD-Impulspapiers.

65 Vgl. oben die Differenzierung der Begriffe in Kapitel 3.

8. Sich anregen lassen und auseinander setzen

*Andere Arten zu glauben, zu denken und
zu handeln, als Anregungen verstehen*

Ich habe die Begriffe ‚Verbesserung' und ‚Optimierung'
in Kapitel 3 einmal verstanden im Sinne anregender Vorbilder und Ideen, die beleben, Sehnsucht wecken, Lust auf
Veränderung machen etc. Verantwortliches Handeln in der
Gemeinde in diesem Sinne wäre: nach solchen Vorbildern
und Ideen Ausschau halten, die die Bedingungen dieser
Welt ernst nehmen und für Gottes Vollendung offen bleiben; Menschen einladen, die von ihrem Glauben und ihrer Arbeit erzählen; zu Tagungen, Kongressen, Kirchen-
tagen etc. fahren, bei denen es eine Menge Anregungen
gibt. Gesunder Umgang mit sich selbst hieße auch: sich
auf Menschen und Ideen einlassen, die nicht zu den eigenen theologischen Überzeugungen passen, und sich damit
auseinander setzen. Das würde manche geistig-geistliche
„Inzucht" reduzieren. Ich wünsche mir manchmal, dass
nicht nur diejenigen zu den Willow-Creek-Kongressen
fahren würden, die dort ihre eigenen Ideale verwirklicht
sehen und denen nicht auffällt, wie evangelikal-erfolgs-
orientiert die Theologie ist und dass in amerikanischer
Kultur verwurzelte, über Jahrzehnte gewachsene Gemeinden nicht einfach in Deutschland nachinitiiert werden
können.[66] Ich wünsche mir, dass zu diesen Kongressen
vielmehr die Menschen gehen, die keine Visionen haben,
jeglicher Erfolgsorientierung gegenüber skeptisch sind, die
nicht glauben, dass sich etwas verändern könnte und dass
auch sie sich ändern könnten. Ich wünsche mir, dass sie
sich anstecken lassen von konkreten Visionen und sich
zugleich kritisch mit der Theologie und dem kulturellen Hintergrund auseinander setzen. Ich wünsche mir auf
der anderen Seite, dass Christen aus der missionarischen

---

66 Vgl. nur die Zitate aus Hybels, Mutig führen, in Kapitel 6.

Szene sich auf den Kirchentag einlassen und sich mit dem auseinander setzen, was so gar nicht in die eigene Theologie passt. Ich wünsche mir, dass sie wenigstens für einige Stunden einmal probeweise denken, dass in manchen Punkten auch andere Christen theologisch gut begründete Überzeugungen haben und dass die eigenen Begründungen vielleicht gar nicht so tragfähig und plausibel sind, wie das in den eigenen Gruppierungen erscheint.

Dass dieses „Sich-Einlassen" nicht vollständig und auf einmal möglich ist, sondern nur Schritt für Schritt gelingen kann, setze ich dabei genauso voraus wie, dass einzelne Schritte möglich sind. In der Sozialpsychologie wird das mit der Theorie der kognitiven Dissonanz beschrieben. Sie besagt, dass wir in der Regel nach Bestätigung suchen und deshalb konsonante Botschaften lieber hören als dissonante, die uns in Frage stellen und widersprechen. Deshalb entwickeln wir entsprechende Mechanismen, um die Dissonanzen zu reduzieren, in dem wir z.B. das Widersprechende gar nicht hören, es umdeuten, klein reden, oder zusätzliche Argumente für unsere ursprüngliche Position sammeln.[67] Zu große Dissonanzen scheinen wir als Bedrohung unserer Identität zu erleben. So wichtig diese Einsichten sind, dürfen sie nicht dazu missbraucht werden, alles Neue, jedes Einlassen und jede Auseinandersetzung abzulehnen.

In der Auseinandersetzung die eigene Spur finden

In der Auseinandersetzung mit Vorbildern und Anregungen durch andere gewinnen zwei wesentliche Merkmale des Menschseins Gestalt: Sozialität und Individualität. Als Menschen sind wir Gemeinschaftswesen und können unser Eigenes nur im Umgang mit anderen und in der Auseinandersetzung mit ihnen ausbilden.[68] Wer sich nicht

67 Vgl. Bohner, Einstellungen, 293–295.
68 Vgl. oben in Kapitel 3 die Ausführungen zum Fragment.

wirklich auf andere einlässt, bleibt mehr oder weniger für sich, gefangen in den eigenen Lebensmustern und Denkwelten. Wer sich umgekehrt auf andere einlässt und sich nicht auseinander setzt, ist den Vorbildern und Ideen ausgeliefert: fasziniert oder abgeschreckt. Um diesen beiden Gefahren zu entgehen und um die *eigene, individuelle* Spur zu finden, fordert Karl Barth in seinem anregenden Kapitel über die „Freiheit in der Beschränkung" zugleich Offenheit und Entschlossenheit:

„Der wäre ein Narr, der beim Ergreifen seiner Gelegenheit [die in der Einmaligkeit seines Lebens liegt, R. K.] nicht nach Vorbildern und Meistern, nach Kameraden und Brüdern fragen wollte. [...] Andere können ihm raten, helfen, Vorbild oder auch Gegenbild sein. Aber die Entschlossenheit im Ergreifen seiner einmaligen Gelegenheit muss die Seinige sein. Er kann sich an ihnen orientieren. Aber er kann sich nicht nach ihnen richten: weder positiv noch negativ."[69]

Es gilt, die „einmalige Gelegenheit", das Potenzial und die Möglichkeiten zu entfalten, die Gott in ein konkretes, individuelles, von allen anderen unterschiedenes, zu einer bestimmten Zeit und an einem bestimmten Ort geschaffenes Leben hineingelegt hat.

Das könnte *ein* Kriterium dafür sein, *woraufhin* optimiert werden soll. Dann ginge es bei Verbesserungen nicht primär um „schneller, weiter, höher", also quantitative Steigerungen, sondern um die Erweiterung des eigenen Horizonts, um Anregungen aus anderen Bereichen, um Auseinandersetzung damit und um *Belebung* dessen, was Gott in uns hineingelegt hat und was sich entfalten will. Für die perfektionistisch Gefährdeten sei gesagt: Auch hier gilt es, die Begrenzungen zu beachten, nicht *jedes* Buch lesen zu müssen, nicht *jede* Tagung besuchen zu müssen ... Für die Trägheitsgefährdeten sei gesagt: Drei Bücher und eine Fortbildung pro Jahr grenzen noch nicht an Übertreibung!

---

69 Barth, KD III/4, 672.

Lernhindernisse reduzieren –
Widerstände überwinden

Was aber ist, wenn sich Leute anregen und beleben lassen, zum Kirchentag, einem Kongress oder einer Tagung fahren, inspiriert zurückkehren, die mitgebrachte Begeisterung aber nicht auf Resonanz stößt, sondern auf Gleichgültigkeit, Desinteresse oder Ablehnung. Letztere wäre ja wenigstens noch etwas Resonanz! Ein typisches Beispiel erzählt der Hildesheimer Organisationspädagoge Herbert Asselmeyer:[70]

„In der Kirchengemeinde A melden sich drei Frauen aus dem Kirchenvorstand zum Wochenend-Seminar ‚Familien-Gottesdienst' an. In der darauf folgenden KV-Sitzung berichten sie noch begeistert (es ist bereits 22.45 Uhr! Der Tagesordnungspunkt heißt ‚Verschiedenes') über ihre Impulse und Ideen für die Gemeinde. Was geschieht nun? Mit dem Satz ‚Das habe ich mir schon gedacht, dass die ihnen dort einreden, dass man Gottesdienst einfach so machen kann. Was denken sie, warum ich jahrelang studiert habe' wird durch den Pastor in kürzester Zeit jeder Veränderungsimpuls hierzu ‚vom Tisch gewischt'. Sprachlosigkeit bei allen Anwesenden und Frust und Tränen bei den Seminarteilnehmerinnen (Motto: ‚Wir machen hier nie wieder was')."

Bei allem Verständnis für die begrenzte Veränderungsfähigkeit von Menschen, bei aller Solidarität mit Amtsbrüdern und bei allem Widerstand gegen Optimierungszwänge muss ich an dieser Stelle sagen: Für solches Verhalten, das jegliche Diskussion verweigert, potentielle Veränderungen im Keim erstickt und grundlegenden Respekt für Mitarbeiterinnen und ihre Erfahrungen vermissen lässt, habe ich kein Verständnis! Begrenzte Veränderungsfähigkeit ist etwas anderes als Veränderungsunwilligkeit.

Wie die Veränderungsfähigkeit eines Systems durch die Leitungsverantwortlichen gefördert werden kann,

70 Ders., Scheitern, 10.

beschreibt der Organisationsberater und Managementtrainer Martin Gössler, Wien: Es gehe darum, dass Leiterinnen und Leiter von sich aus nach „schlechten Nachrichten" und Problemanzeigen fragen und ebenso den Skeptikern Aufmerksamkeit schenken.[71] Für die Gemeinde im eben genannten Beispiel der Kirchengemeinde A hieße das: Es geht nicht nur darum, den Frauen gerade eben Raum einzuräumen, sondern sich aktiv für ihre Anregungen zu interessieren; hinzuhören auf die Problemanzeigen, die direkt oder indirekt zum Ausdruck gebracht werden. In anderen Gemeinden könnte das heißen, dass der Leiter mit missionarischem Engagement bewusst hinhört, wenn Mitarbeiterinnen und Mitarbeiter mit anderer Grundausrichtung, die er vielleicht als Skeptiker/-innen empfindet, die Gemeinde beschreiben, auf Defizite aufmerksam machen etc. Oder anders: Ein Pfarrer, der seine Lebensenergie in den Aufbau eines funktionierenden Netzes von Diakoniestationen gesetzt hat, hört besonders hin, wenn Menschen mit missionarischer Grundausrichtung seine Arbeit beschreiben, die ihm als Skeptiker/-innen erscheinen.

Auch hier geht es nicht darum, dass *jede* der geäußerten Ideen umgesetzt werden könnte. Manche Ideen erweisen sich schnell als nicht realisierbar, nicht reif oder unpassend für die konkrete Situation. Nicht alle Ideen dürfen aufgenommen werden, aber manche systemstörenden Ideen sollten wenigstens ernsthaft diskutiert und geprüft werden.

Ein Kollege formuliert seine Not dabei so: „Das System Gemeinde hat so unendlich viele Möglichkeiten. Grenzen finden ist höchste Kunst. Wie gehe ich mit motivierten Ehrenamtlichen um, die von einer Fortbildung kommen, hochgradig motiviert sind, Visionen haben und sich sicher sind: Das muss unseren Pfarrer doch überzeugen. Sie bräuchten nur etwas

---

71 Gössler, Scheitern, 6, mit Rückgriff auf Weick Karl E.; Sutcliffe, Kathleen M.: Das Unerwartete managen. Wie Unternehmen aus Extremsituationen lernen, Stuttgart 2003.

Zeit der Hauptamtlichen, wollen einen neuen Team-Gottes-dienst einführen, viermal im Jahr, je zwei Vorbereitungen. Ich könnte im Augenblick aufgrund meiner Belastung nicht guten Gewissens ja sagen. Es dem Kollegen reinzudrücken, wäre auch unfair. Soll ich ehrlich sagen: Das ist eine gute Idee, aber wir müssten dafür etwas anderes wegfallen lassen? Dann sind wieder andere demotiviert. Ich habe versucht, im Kirchenvor-stand zu werben, dass an Sonntagen, an denen ein Abend-Gottesdienst stattfindet, in der Hauptkirche um 10.30 Uhr kein Gottesdienst gefeiert wird, sondern in Nachbarorten 3,5 km und 7 km entfernt. Vielen kommen mit dem Auto. Aber es war am Ende so, dass dieser Gottesdienst nicht wegfallen kann, weil man ja Leute frustrieren würde."

Dahinter steckt der Wunsch nach Kriterien: Wie soll ich beurteilen, was getan und was gelassen werden soll? Leider können diese Kriterien nicht allgemeingültig for-muliert werden. Sie müssen in jeder Kirche und in je-der Gemeinde diskutiert, erstritten und entwickelt werden. Und es ist nicht zu erwarten, dass sich alle auf die-selben Prioritäten einigen werden.[72] Manches kann eben nur ertragen und nicht verändert werden (vgl. dazu Kapi-tel 10).

9. Tun und Lassen

Zum Beispiel:
Gemeinde-Entwicklungs-Teams (GET)

Eine Pfarrerin erzählt: „Einen großen und in mancher Hin-sicht nicht ungefährlichen Veränderungsprozess haben wir vor drei Jahren begonnen, als der Kirchenvorstand beschlos-sen hatte, dass unsere Gemeinde sich an GET beteiligen soll-

---

72 Dass das ginge, ist ja einer der Irrtümer bei „Evangelikalen" und „Li-beralen", bei „Mystikerinnen" und „Sozial-Engagierten".

te.[73] Der Impuls entsprang der Beobachtung, dass der Kirchenvorstand immer wieder eine schöne Wunschliste aufstellte, um dann später festzustellen, was alles liegen geblieben war. In einem längeren Gespräch während einer Vorstandssitzung bat ich den Kirchenvorstand, mir zu erlauben, eine Art Think-Tank für Zukunftsfragen der Gemeinde zu bilden, um mit Zeit über Zukünftiges reden und nachdenken zu können. Vielleicht, so ein Gedanke damals, könnte auch so etwas wie ein Leitbildprozess beginnen. Ein Ziel sollte sein, die sich am Horizont abzeichnenden Veränderungen für unsere Gemeinde nicht zu bejammern, sondern möglichst aktiv zu gestalten.

Wir landeten schließlich beim GET-Projekt. Das Team wurde als Projektgruppe im Auftrag des Kirchenvorstands gegründet und ausdrücklich wurden Leute aus der Halbdistanz dazu gebeten, was im Verlauf nicht immer ganz leicht war, weil manche Voraussetzungen nicht da sein konnten, z.B. im Umgang mit der Bibel.

Die Arbeit der Gruppe erstreckte sich über eineinhalb Jahre und war insgesamt sicher hilfreich. Es ist manches in Bewegung geraten. Wir haben uns die Situation unserer Gemeinde so genau wie möglich angesehen, haben ein Leitbild entwickelt und haben schließlich Ziele für die Arbeit unserer Gemeinde in den nächsten Jahren formuliert. All dies hat sich der Kirchenvorstand dann auch zu eigen gemacht und hat Leitbild und Zielformulierungen beschlossen. Drei Arbeitsbereiche sind ins Auge genommen worden: Gottesdienst, Glaubenskurse und Intensivierung freier Finanzierung. An allem wird gearbeitet: Glaubenskurse wurden bereits durchgeführt (und waren mehr Mitarbeiterschulung, als dass sog. ‚Distanzierte' gewonnen worden wären), ein anderes Gottesdienst-Format soll im Juli starten und die Verbreiterung der finanziellen Basis ist im Blick, wenn auch noch nicht mit konkreten Maßnahmen begonnen wurde. Das Leitbild, das ja mit Leben gefüllt werden und kommuniziert werden muss, bietet noch einiges an Luft nach oben.

---

73 GET = Gemeinde-Entwicklungs-Team, das durch Fortbildungen befähigt wird, Gemeindeentwicklungsprozesse in der eigenen Gemeinde zu steuern, vgl. Kirche in Bewegung 1/2004, 3–21.

Im Wesentlichen ist aber nur der Kirchenvorstand damit befasst, der sich Vieles vorgenommen hat und manches angegangen ist. Und nun herrscht das Gefühl, dass wir manche Fäden gesponnen haben, die nun herum liegen und noch nicht eingewoben sind, trotz der Tatsache, dass die Kirchenvorsteher viel arbeiten. Und da wird ein Problem deutlich, das ein Mitglied des GET-Teams am Ende auch benannt hat: Wir haben bei GET viel zu wenig überlegt, was wir lassen und warum wir es tun sollten. Wir haben im Grunde die formulierten Ziele auf das Bestehende drauf gepackt. Auch der Erkenntnis des GET-Teams, dass etwa 75 % der Angebote unserer Gemeinde von Hauptamtlichen verantwortet werden, ist bisher kaum Rechnung getragen worden. GET war gut, hat vieles in Bewegung und anderes zu Tage gebracht. Aber: Wir sind noch mitten drin, auch wenn mancher dachte, es sei vorbei."

Optimierungszwänge entlarven

‚Verbesserung' und ‚Optimierung' können positiv konnotiert sein, im beschriebenen Sinn der Anregung und Belebung. Sie können aber auch zu Begriffen werden, in denen sich Zwänge verbergen. Die damit verbundene Erwartung ist dann, Dinge perfekt oder wenigstens fast perfekt zu machen. Gesunder Umgang damit hieße, die Zwänge als solche zu entlarven, sobald sie erkannt sind. Entlarvung bedeutet noch nicht, dass sie überwunden wären, aber sie verlieren an Macht. Wo der individuelle Hang zum Perfektionismus erkannt und aufgedeckt wird, entsteht die Möglichkeit, sich kritisch damit auseinander zu setzen, nach Ursachen zu fragen, Energien zu erspüren, die das Leben in eine andere Richtung prägen, alternative Handlungsmöglichkeiten zu entwickeln etc. Wo der Optimierungszwang durch Finanznöte ausgelöst ist, können diese nicht einfach beseitigt werden. Aber die Entlarvung des damit verbundenen Zwangs macht die Probleme benennbar und schafft Möglichkeiten bewussten Umgangs damit. So kann überlegt werden, ob zusätzliche Finanzquellen erschlossen werden können, ob es bisher noch nicht entdecktes Einsparpotenzial gibt, oder ob man sich den Zwängen ergeben und die Not ertragen muss. Letzteres könnte dazu führen, an dieser Stelle nicht allzu viel Energie einzusetzen, die dann doch vergeblich wäre, und dafür lieber an anderer Stelle zu kämpfen.

Um diese Auseinandersetzung führen zu können, gilt es, die Wirklichkeit möglichst so wahrzunehmen, wie sie ist. Oder bescheidener: sich auch für Dinge, Fragen und Positionen zu öffnen, die zunächst nicht im eigenen Gesichtsfeld sind und gegen die es möglicherweise emotionale und vernünftig begründete Abwehr gibt. *Denn nur was wir wahrnehmen, können wir annehmen. Und nur was wir annehmen, können wir verändern.* Diese Einsicht aus der Psychologie ist nicht so zu verstehen, dass wir etwas vollständig oder gar vollkommen wahr- und annehmen müssten. Es geht um die Offenheit dafür, die eigene Wirklichkeitswahrnehmung durch fremde Einsichten und neue Beobachtungen zu ergänzen und zu korrigieren. Es geht um Prozesse, in denen wir feststellen werden, was wir gar nicht so gerne wahrnehmen und wahrhaben wollen. Auch das ist ja schon ein Schritt der eigenen Auseinandersetzung damit. Das klingt plausibel und ist doch, vor allem im Bereich der Kirche, nicht selbstverständlich. So berichtet ein Soziologe, dass er in seinem Seminar Theologen in der Regel sofort erkenne. Denn sie würden die Wahrnehmung nicht lange genug aushalten und zu schnell deuten. „Die wissen, was richtig und falsch ist, noch bevor sie die Phänomene genau wahrgenommen haben." Landeskirchliche Pfarrer/-innen wissen, wie Pietisten sind; Evangelikale wissen, wie der Rest der Kirche ist; Kirchenvorstände wissen, wie „die da oben" sind. Wer ist da noch für Überraschungen offen?

Wer wahrnimmt und annimmt, so unvollkommen gut es eben geht, stärkt damit die Grundlage für verschiedene Optionen: Verändern und Verbessern auf der einen Seite und Abfinden, Aushalten, Ertragen auf der anderen Seite, beides getragen vom Respekt der Situation und den Mitmenschen gegenüber. Um situationsgerecht und realistisch zu entscheiden, was wann dran ist, erscheint mir die Veränderungsformel von Richard Beckhard und David Gleicher besonders hilfreich:[74]

C (Change) = D (Dissatisfaction) × V (Vision) × F (First Steps) > R (Resistance). Das heißt: Das Produkt aus Unzufriedenheit, Vision und den ersten konkreten Schritten muss größer sein als der Widerstand gegen die Veränderung. Dann kommt Veränderung zustande. Dabei ist entscheidend, dass es bei den genannten drei Faktoren „Unzufriedenheit, Vision und erste Schritte" im mathematischen Sinn um das Produkt und nicht um die Summe geht. Bei der Summe würde es reichen, wenn ein oder zwei Summanden groß wären, die anderen könnten relativ gering sein. Bei einem Produkt müssen alle drei Faktoren eine relative Größe haben, damit das Produkt groß wird. Zur Verdeutlichung: 100 + 0,001 + 100 = 200,001, also relativ groß. 100 × 0,001 × 100 = 10, also relativ klein. Sobald ein Faktor gegen Null geht, wird das Produkt sehr klein, so dass bei schon geringem Widerstand die Veränderung nicht zustande kommt. Das heißt: Eine Veränderung kommt in der Regel nur zustande, wenn der Leidensdruck spürbar ist *und* wenn eine Vision *und* konkrete Vorstellungen von den ersten Schritten vorhanden sind. Leidensdruck ohne Vision und eine Vorstellung von den ersten Schritten macht noch keine Veränderung, genauso wenig wie eine Vision ohne Leidensdruck, ganz gleich, ob dabei eine Vorstellung von den ersten Schritten vorhanden ist oder nicht.

74 Vgl. Beckhard, Organisationsentwicklung.

Das lässt sich in den oben genannten Beispielen aus der Gemeinde L. genauso wie an folgender Veränderungsgeschichte zeigen. Eine Pfarrerin erzählt:

„In meiner früheren Gemeinde war das Abendmahl an den Gottesdienst als eigene Veranstaltung angehängt. Ich empfand das als Missstand, aber es war mein Leiden, nicht das der Gemeinde. Zunächst begann ich ein inhaltliches Gespräch mit meinem Kollegen über den Gottesdienst. In der Gemeinde gab es eine ausgeprägte Scheu vor dem Besonderen des Abendmahls, weil dessen Verständnis vor allem durch die damit verbundene Sündenvergebung geprägt war. Um diese Scheu zu überwinden, haben wir gelegentlich zu besonderen Anlässen Abendmahl im Gottesdienst angeboten und so Erfahrungsmöglichkeiten geschaffen. Viele Gespräche waren nötig. Das Presbyterium hat ein Wochenende zum Thema Abendmahl gestaltet, an dem die verschiedenen Aspekte des Abendmahls beleuchtet wurden. Das war ein entscheidender Schritt für die Teilnehmer und zog Kreise. Mittlerweile ist das Abendmahl Teil des Gottesdienstes."

Das Beispiel macht deutlich, wie verschiedene Faktoren zusammenwirken: Der Leidensdruck der Pfarrerin und ihre Initiative, die Vision, die sie selbst hat und für die sie andere gewinnen kann, eine konkrete Vorstellung der ersten Schritte, mit denen andere nicht überrumpelt werden, sondern durch die neue Erfahrungen und der Abbau von Widerständen ermöglicht werden.

Zum Beispiel:
Evangelisches Münchenprogramm (eMp)

Um Veränderungsprozesse in Gemeinden, Dekanaten bzw. Kirchenkreisen oder kirchlichen Werken anzustoßen, voranzubringen und zu gestalten, wurden und werden nicht selten externe Beratungsfirmen engagiert, wobei die anfängliche Euphorie oder prinzipielle Ablehnung mittlerweile einer eher realistischen Einschätzung der Chancen und Grenzen gewichen ist. Dazu haben die einschlägigen

Erfahrungen mit externer Beratung und mit den Mühen innerkirchlicher Veränderung genauso beitragen, wie die Diskussionen um die Berechtigung unternehmerischen Denkens in der Kirche.[75]

Peter Barrenstein, damals federführend beteiligt an der Entwicklung des Evangelischen Münchenprogramms,[76] beschreibt im Rückblick nach 10 Jahren sowohl Gelingen als auch Scheitern: Im Bereich der *Mitarbeiterentwicklung* beobachtet er die meisten Erfolge. Der Jahreszyklus der Gespräche mit den Mitarbeiterinnen und Mitarbeitern und ein damit mögliches regelmäßiges Feedback habe die Arbeit insgesamt erkennbar verbessert. Zur Qualität dieser Jahresgespräche habe auch die Fortbildung der Vorgesetzten beigetragen. Im Bereich der *Strukturveränderungen* haben sich nach Barrenstein die neue Aufgabenverteilung und die Verkleinerung der Prodekanate positiv ausgewirkt, wobei „kritisch zu vermerken ist, dass dies zum Teil völlig entkoppelt von inhaltlichen Zielen geschah – was den erhofften Impact bei den Strukturveränderungen merklich reduzierte".[77] Bei den *Angebotskonzepten* seien die Ergebnisse am enttäuschendsten. Der Aufwand sei zu hoch und die Unterstützung zu niedrig gewesen. Im Bereich der *Verhaltensveränderung* sei zwar eine Professionalisierung zu beobachten, aber „die erhoffte generelle Bewusstseins- und

75 Vgl. z.B. das Themenheft der „Praktischen Theologie" 4/2002 zur Frage nach dem „Management als kirchliche Praxis?" (u.a. mit Beiträgen von Jan Hermelink und Herbert Lindner) oder das Themenheft der Pastoraltheologie 12/2004 (u.a. mit Beiträgen von Wolfgang Lück und Eberhard Hauschildt); Spirituelles Gemeindemanagement, hg. v. Hans-Jürgen Abromeit u.a. (u.a. mit Beiträgen von Klaus-Martin Strunk und Michael Herbst); oder: Heils-Ökonomie?, hg. v. Daniel Dietzfelbinger u.a. (von Pragmatismus geprägte Auseinandersetzung, die einer grundsätzlichen Verwerfung ökonomischen Denkens genauso kritisch gegenübersteht wie ökonomischen Heilsverheißungen); die kritischen Aspekte sind besonders herausgearbeitet bei: Herlyn/Lauer: Kirche in Zeiten des Marktes. Ein Störversuch [!].
76 Beratungsprozess des Dekanats München durch McKinsey 1995/96, für eine zusammenfassende Darstellung und erste Reflexion vgl. Lindner, Spiritualität.
77 Barrenstein, Münchenprogramm, 34.

Verhaltensänderung" sei nicht eingetreten. „Nach wie vor ist Kooperation unter Pfarrerinnen und Pfarrern keine Selbstverständlichkeit. Zudem wird auch aktuell der Erfahrungsaustausch weder in der ersten noch in der zweiten Phase der Ausbildung systematisch gefördert."[78]

Man könnte zurückfragen: Von wem wurde eine *generelle* Bewusstseins- und Verhaltensveränderung erhofft? Wie soll das innerhalb eines Beratungsprozesses gehen? Wollen Mitarbeiterinnen und Mitarbeiter in der Kirche lieber andere ändern als sich? Wollen sie lieber an der Verbesserung der Welt arbeiten? Könnte das auch für Unternehmensberater und vielleicht für Deutsche und Amerikaner überhaupt gelten? Welche Dynamiken stießen da also aufeinander? Das alles sind Fragen, die bestenfalls mit den Betroffenen geklärt werden könnten, nicht hier an dieser Stelle.

Es bleibt wie in anderen Beratungsprozessen die Erkenntnis: Manches hat sich verbessert, anderes nicht. Manches hat sich vielleicht sogar verschlechtert, weil Erwartungen geweckt wurden, die dann nicht erfüllt werden konnten. Diese Erkenntnis ist nicht kirchenspezifisch, sondern spiegelt sich auch in Umfragen bei Unternehmen wider. Martin Gössler berichtet von einer Befragung von ca. 450 Führungskräften aus dem Jahr 2002, bei der „38 Prozent der Befragten Veränderungsprojekte im eigenen Unternehmen als wenig bis gar nicht erfolgreich" einschätzten.[79] Seine Überlegungen zur „Kunst des Scheiterns" resümiert Gössler so: „Wer sich konsequent dem Fehlerlernen entzieht, scheitert umso wahrscheinlicher. Wenn eine Organisation andererseits aus jedem Fehler lernen will, ist sie zwar intelligent aber bankrott – da die Mitarbeiter die Besprechungsräume nicht mehr verlassen."[80]

78 Ebd.
79 Ähnliche Ergebnisse erbrachte eine Studie 2004; Gössler, Scheitern, 5.
80 Ebd., 10.

Was also macht man mit dem, was im Moment nicht verbessert werden kann? Ich frage zurück: Muss man etwas damit „machen"? Manches entzieht sich unserer Machbarkeit und kann (jedenfalls aktuell) nur akzeptiert, ausgehalten und ertragen werden.

Ich erinnere an dieser Stelle noch einmal an die Thesen aus Kapitel 3. In den bisherigen Überlegungen, vor allem in den Kapiteln 7–9, wurde deutlich: *Gemeinden sind Orte, an denen Vorbilder und Ideen ihre anregenden und belebenden Wirkungen entfalten* (These 1). Und: *Gemeinden sind Orte, an denen um Gottes und der Menschen willen systematisch Gemeindeentwicklungsarbeit betrieben wird* (These 3). Die zweite These wird in den folgenden Kapiteln (besonders 10, aber auch 11 und 13) entfaltet: *Gemeinden sind zugleich Orte, an denen Unvollendetes ausgehalten, ertragen und erlitten wird – in der Erwartung und Hoffnung auf Gottes zukünftige Vollendung.* Schon in Kapitel 10, aber noch mehr in Kapitel 11 und 13 kommt die 4. These zur Geltung: *In, mit und unter dem Spannungsverhältnis von Unvollkommenheiten und Verbesserungen sind Gemeinden auf Gottes erneuernde Kräfte angewiesen, damit sie sich weder in ihrer Unvollkommenheit einrichten, noch den Optimierungszwängen erliegen.*

10. Grenzen ertragen

Warum Akzeptieren, Aushalten und Ertragen so schwer ist

Richard Schröder, der Berliner Theologe und Politiker, schrieb Anfang der 90er Jahre: „Die christliche Tugend des Ertragens ist zu Unrecht in Verruf geraten. Es ist eine Tugend oder eine gute Gabe Gottes, das Unveränderliche hinzunehmen, das Verbesserliche verbessern und beides unterscheiden zu können."[81] Dass das Verbesserliche verbessert werden muss, ist im gesellschaftlichen Mainstream klar, dass Unveränderliches hingenommen werden muss, dagegen nicht. Deshalb plädiert Richard Schröder für eine Tugend des Ertragens. Dahinter steckt die Beobachtung, dass es in Gesellschaft und Kirche wenig Aufmerksamkeit für das Unveränderliche gibt, was wiederum geschichtliche Gründe hat: Etwas zu Ertragen gerät sofort in den Verdacht, bestehende Systeme und Herrschaftsstrukturen ungeprüft zu unterstützen und sich als braver, deutscher „Untertan" zu zeigen. Mit der emanzipatorischen Welle seit den 60er Jahren wurde der Blick für die positiven Aspekte des Ertragens, die es neben den destruktiven auch gibt, verständlicherweise verstellt. Wer sich gerade selbst entfaltet und entdeckt, will nicht akzeptieren, aushalten und ertragen. Das hat er ja gerade hinter sich gelassen. Deshalb ist die Fähigkeit des Ertragens in unserer Zeit nicht (mehr) ausgebildet und nicht eingeübt. Kirchlicherseits kommt ein weiterer Grund für unsere Unfähigkeit zum Aushalten und Ertragen hinzu: Wir sind auf Veränderung hin ‚getrimmt'. Der Aufruf zur Umkehr, der Bußruf ist wesentlicher Bestandteil des Evangeliums. Wir gehen davon aus, dass etwas grundsätzlich verändert und verbessert werden kann, und übersehen dabei die Grenzen der Veränderungsmöglichkeiten und der Optimierbarkeit. Wir sind kirchlicherseits bezüglich der Psychotherapie eher den humanistischen und therapeutischen Ansätzen verpflichtet, die die Veränderungsfähigkeit der Menschen voraussetzen. Wir sind skeptisch gegenüber den deterministischen Ansätzen, die eher vor der Unveränderbarkeit ausgehen. Wir arbeiten an individuellen und gesellschaftlichen Verbesserungen, in der Seelsorge und im Religionsunterricht, in der Erwachsenenbildung und in der politischen Arbeit, in der Diakonie und in der ökumenischen Vernetzung.

Dem allem zum Trotz könnten wir ja wenigstens probehalber einmal bewusst so tun, als ob einige (nicht alle)

81 Schröder, Kampf, 392.

„Dinge" in der Gemeinde, bei Menschen, in ihrem Wesen, ihrer Art zu denken und zu handeln, tatsächlich nicht veränderbar sind. Das ist so irritierend wie entlastend. Ich frage deshalb: Was ist das Unveränderliche? Und wie könnte es theologisch gedeutet werden?

Unveränderliches –
theologisch gedeutet und geistlich erfahren

Für die Beantwortung der eben gestellten Frage kann uns das oben schon einmal zitierte Kapitel aus Karl Barths Kirchlicher Dogmatik die Spur weisen. Er hat den § 56 überschrieben mit: „Freiheit in der Beschränkung". Er versteht die Beschränkung als „einmalige Gelegenheit", zur eigenen Bestimmung zu finden. Wir sind „nur" mit bestimmten Gaben ausgestattet, unser Wirkungskreis ist auf einen bestimmten Ort begrenzt, unsere Lebenszeit hat einen Anfang und ein Ende. Genau darin, so Barth, werden wir vor dem Zerfließen ins Unendliche und damit vor der Nichtigkeit bewahrt. Gerade in der Beschränkung liegt für Barth die Bestimmung zur Einmaligkeit. Jeder hat *seine* Geburt und *seinen* Tod, jede hat *ihre* Begabungen und *ihre* Begrenzungen, jeder hat *sein* Erbgut und *seine* familiäre Prägung, jede hat *ihre* Chancen und Möglichkeiten, jeder hat *seine* Erfolge und Rückschläge. Das heißt: Die Beschränkung, die zu jedem Menschenleben gehört, ist einerseits durch Raum und Zeit, andererseits durch unser Sosein und die Menschen in unserem Umfeld gegeben. Zu uns und zu anderen gehören Brüche, Fragmente, Versagen, Begrenzungen. Jeder Vater und jede Mutter z. B. hat in der Erziehung Grenzen, die die Kinder aushalten und ertragen müssen. In, mit und unter diese Bedingungen gilt es, der Einmaligkeit des eigenen Lebens auf die Spur zu kommen, sie zu entdecken und ihr zu folgen. Darin liegt für Barth die Freiheit eines Menschen, der sich hörend und gehorsam auf Gott einlässt. Freiheit entsteht, wo das Leben mit dem übereinkommt, wie es von Gott her gedacht ist.

Deshalb „kann Menschsein nach seiner Berufung schließlich für keinen Menschen einfach das bedeuten, dass er sich mit seinem geschichtlichen Standort abzufinden, seine besonderen Bedingungen zu erfüllen und sich so gut als möglich in ihm einzurichten hätte. Er ist ja eben nicht mit ihm identisch [...] Er hat sich vielmehr mit ihm *auseinander zu setzen*. Ihm ist weder seine familiäre Erbmasse, noch der Geist seiner Zeit, ihm sind weder die politischen, sozialen und kulturellen Verhältnisse, in denen er zu leben hat, noch die für ihn maßgeblichen Gewohnheiten seiner Umgebung, noch die ihm zuteil gewordene Erziehung und Bildung in der Meinung vorgegeben, dass er sie einfach hinzunehmen, gutzuheißen und sich nach ihnen zu richten hätte."[82]

Erst durch diese Auseinandersetzung wird es möglich, zu entscheiden, wo Widerstand zu leisten ist und wo Akzeptieren und Einfügen der richtige Weg ist. Dabei werden natürlich „immer auch solche Gegebenheiten des geschichtlichen Standorts in Frage kommen, die der Mensch im Gehorsam gegen Gottes Berufung und Gebot schlicht zu bejahen hat".[83]

Für unseren Zusammenhang ist interessant, dass durch den schöpfungstheologischen Bezug die Begrenzungen und das Unveränderliche auf einmal nicht mehr nur der Veränderung im Weg stehen, sondern eine eigene, theologische Qualität bekommen. Unveränderliches zwingt uns, wenn wir es denn zunächst einmal als solches anerkennen, zur Auseinandersetzung, wodurch zuallererst wir verändert werden. Christina Brudereck formuliert das in ihrem Gedichtband „dazwischen Funken" so: „Verändert hat mich, was ich nicht verändern konnte."[84]

82 Barth, KD III/4, 715.
83 Ebd.
84 Aus dem Gedicht „Verwandlung", o. S.

Zum Beispiel: Gemeinde N.

Pastor S. schildert, wie bei Projekten in seiner Gemeinde die Ziele nicht erreicht wurden und warum sich die Arbeit trotzdem „gelohnt" hat. Zwischen den Zeilen wird deutlich, wie schwer es ist, sich mit Unveränderlichem so auseinander zu setzen, dass Veränderung in einem selbst in Gang kommt:

„Bei der Verabschiedung nach meiner Ordination teilte mir ein Mitglied unserer Gemeinde mit, dass sie in einem Vorbereitungskreis planten, ProChrist 2003 in unserer Gemeinde zu veranstalten. Er fragte mich sofort nach meiner Mitarbeit. Ich zögerte, weil ich um die Vorbehalte bei vielen Kollegen wusste und keine Ahnung hatte, was mein Kollege in unserer Gemeinde davon hielt. Einige Tage später bekam ich einen Antrittsbesuch einer Gruppe von Leuten aus dem Kreis der Landeskirchlichen Gemeinschaft. Ich wurde ‚gescannt', gerade auf die Pläne für ProChrist hin. Ein merkwürdiger Beginn.

Aber ich stieg, übrigens mit meinem Kollegen zusammen, in die Vorbereitung ein und wir erlebten eine schöne Veranstaltungswoche im März 2003, ein gemeindliches Happening mit Gästen aus Gemeinden der Umgebung und vereinzelten Leuten aus der Distanz und sog. Halbdistanz. Die Höhe der Besucherzahlen überraschte und erfreute uns. Wir erlebten spannende Abende mit einer engen Gemeinschaft im Mitarbeiterteam und mit guten Gesprächen im Anschluss, aber keine spontanen Aufbrüche zum Kreuz. Das macht man in unserer Gegend aber auch nicht so eben mal, dass man in einem kleinen Raum aufsteht, nach vorne geht und damit zeigt, dass man es nötig hat, und dann dort von einem Moment auf den anderen sein Leben umkrempelt. Wir haben dann den ProChrist-Nachfolgekurs gemacht, zu dem etliche Leute kamen, aber im Laufe der Zeit diejenigen wegblieben, die vorsichtig tastend gekommen waren, aber dann das Gefühl hatten, sie wären noch meilenweit vom Stand der erfahrenen Christen entfernt.

Die Veranstaltung hat gut geklappt und wir haben gemerkt, dass wir gute Gastgeber sein können. Aber die beabsichtigten

Veränderungen bei Einzelnen und für die Gemeinde blieben, zumindest vordergründig, aus.

Im letzten Jahr waren wir wieder als Veranstalter bei Pro-Christ dabei, diesmal im Saal einer Gaststätte am Marktplatz. Es kamen mehr Leute, der Saal sah toll aus, wir haben interessante Abende mit guten lokalen Gesprächspartnern und wieder eine intensive Gemeinschaft im Team erlebt, die sogar einen riesigen Krach überstanden hat, wenn auch mit Rissen und Runzeln. Wir haben eigene Folgeabende angeboten, zu denen nur zu Anfang einige Leute kamen, dann immer weniger. Wir wollten dann mit etwas zeitlichem Abstand wieder einen Glaubenskurs veranstalten, was wir im Frühjahr dieses Jahres mit dem EMMAUS-Kurs auch getan haben. ProChrist 2006 war wieder ein tolles Event der Gemeinde, durchaus umstritten, aber doch vom Presbyterium und allen Pastoren getragen und auf alle Fälle ein Höhepunkt im Jahreskalender. Aber auch diesmal kam es kaum zu den intendierten Bekehrungen. Und dabei hatten wir so lange über die Form des Aufrufs zum Kreuz bei uns nachgedacht und gerungen, um die Erfahrungen aus 2003 zu berücksichtigen.

Dennoch war es eine gute Aktion, mit der wir sehr in die Öffentlichkeit, auf den Markt gegangen sind und damit auch Profil gezeigt haben. Zudem haben sich Menschen zur Mitarbeit einladen lassen, die jetzt auch an anderen Stellen, etwa im Presbyterium mitarbeiten, die z. T. gerührt waren, wie viel Anerkennung sie durch ihr Engagement an dieser Stelle bekommen haben."

Dieses Beispiel zeigt, wie ein kleiner Teil großer Erwartungen erfüllt wurde, wie ein anderer Teil der Erwartungen – gefühlt ein relativ großer Teil – nicht erfüllt wurde und wie es überraschenderweise manche „Nebenwirkungen" gab, mit denen die Verantwortlichen gar nicht gerechnet hatten. Darin ist dieses Beispiel für mich typisch.

Wer mag, kann für sich und seine Gemeinde ja einmal auf Spurensuche gehen und fragen:

- Wo wurden meine/unsere Erwartungen erfüllt und wo nicht?

- Welche unerwarteten und überraschenden Nebenwirkungen gab es? Diese können positiver, aber auch negativer Art sein.

Für eine weitergehende und vertiefende Auseinandersetzung seitens der Verantwortlichen können folgende Fragen hilfreich sein:

- Warum sehe ich das Unveränderliche nicht so gerne?
- Habe ich Sorge, dass mein Einfluss und meine Macht begrenzt wird?
- Habe ich das Gefühl, dass ich in meinem Wirkungsraum beschnitten werde?

Eine ehrliche Beantwortung dieser Fragen könnte heilsame Prozesse auslösen.

Bonhoeffer bemerkt dazu: „Wer an einer christlichen Gemeinschaft, in die er gestellt ist, irre wird und Anklage gegen sie erhebt, der prüfe sich zuerst, ob es nicht eben nur sein Wunschbild ist, das ihm hier von Gott zerschlagen werden soll, und findet er es so, dann danke er Gott, der ihn in diese Not geführt hat."[85]

Das bedeutet nicht, die de-facto-Gestalt der Gemeinde für unkritisierbar zu erklären und alle Verantwortung bei sich selbst zu suchen. Das würde nur die ohnehin schon latenten Selbstzweifel verstärken. Bonhoeffer geht es ums Prüfen. Und dabei kann es unterschiedliche Ergebnisse geben. Ich kann zu der Überzeugung kommen, dass ich weiterhin leidenschaftlich für bestimmte Verbesserungen eintreten werde. Ich kann auch zu der Überzeugung kommen, dass ich an anderer Stelle genau darauf verzichte, wobei

---

85 Bonhoeffer, Gemeinsames Leben, 21. – „Die Fähigkeit, im eigenen Erleben zu unterscheiden, erhöht die Bereitschaft, auch außerhalb des Selbst Verschiedenes wahrzunehmen, sich auf Gespräche mit fremden Perspektiven und Interessen einzulassen, sowie die Fähigkeit, im Konfliktfall nach einer konstruktiven Lösung zu suchen." (Klessmann, Pastoralpsychologie, 82).

die Gründe unterschiedlich sein können: die Zeit ist nicht reif. Oder es ist nicht wirklich schlimm. Oder ich habe zu hohe Erwartungen. Natürlich können sich verschiedene Gründe auch vermischen bzw. wechselseitig verstärken. Ganz gleich, ob ich an Verbesserungen arbeite oder nicht, geht es darum, dass ich den eigenen Wunschbildern auf die Spur komme, dass ich sie in der konkreten Auseinandersetzung mit Schwestern und Brüdern spüre, und dass ich bereit werde, meine Wunschbilder zerschlagen zu lassen, auch wenn sie gelegentlich wieder erscheinen werden. *Das ist die geistliche Chance, die in der Unvollkommenheit der Gemeinden liegt.*

Andere als Andere aushalten

Es gilt, die anderen als Andere aushalten und ertragen zu lernen: Als *andere* Menschen, als Menschen mit einer anderen Biografie und Spiritualität, mit anderen Prioritäten und Glaubensüberzeugungen. Es gilt, die Verletzungsgeschichten auszuhalten, die eigenen und die anderen, die individuellen und die gemeinsamen. Es gilt auszuhalten, was *jetzt* so unvollkommen daher kommt: die Art und Weise, wie andere Menschen denken, wie sie reden und sich verhalten. In jeder Gemeinde gibt es Einzelne, die unsere Geduld herausfordern. Und manchmal brauchen wir Geduld mit uns selbst und dem, was wir an uns nur aushalten können.

Max Frisch fordert, das Bilderverbot des Dekalogs müsse auch für den Menschen gelten: „‚Du bist nicht', sagte der Enttäuschte oder die Enttäuschte: ‚wofür ich dich gehalten habe.' Und wofür hat man sich denn gehalten? Für ein Geheimnis, das der Mensch ja immerhin ist, ein erregendes Rätsel, das auszuhalten wir müde geworden sind. Man macht sich ein Bildnis. Das ist das Lieblose, der Verrat."[86]

---

86 Frisch, Tagebuch 1946–1949, München u. a. 1965, 26f, zit. nach Luther, Identität, 165.

Es geht um menschliche Prägungen und um theologische Überzeugungen. In der Theologie anderer Konfessionen kann manches nur ertragen werden, genauso wie in der eigenen Tradition: wenn ich z. B. beim Kirchentag beeindruckt bin von der Bibelarbeit einer jüdischen Theologin und ihr evangelischer Gesprächspartner irgendwie blass daneben wirkt; oder wenn bei manchen Geschwistern aus der missionarischen Szene nicht zu „überspüren" ist, dass sie anderen ihren Glauben nicht wirklich glauben. Genauso schwer ist es für mich auszuhalten, wenn in manchen kirchlichen Gesprächsrunden der Begriff missionarisch immer noch als Feindbild gebraucht wird. Meine Hoffnung ist, dass die Brücken zwischen den verschiedenen Strömungen weiter wachsen.

Es trägt zu Gesundungsprozessen in Gemeinden bei, wenn Menschen anfangen, andere als Andere auszuhalten und zu ertragen und dabei die eigenen Hilflosigkeiten und die eigene Ohnmacht zu spüren. Hilflosigkeit wäre keine Hilflosigkeit, wenn schnelle Lösungen helfen würden. Ohnmacht wäre keine Ohnmacht, wenn wir mit Hilfe erprobter Verbesserungsstrategien das Gefühl, die Dinge im Griff zu haben, zügig zurückgewinnen könnten. Hilflosigkeit und Ohnmacht können manchmal nur ausgehalten werden. Genau darin verbindet sich Jesu Schicksal mit unserem und macht uns auf das Heil aufmerksam, das uns von Gott her zukommt: Aus der Ohnmacht erwächst heilsame Veränderung, allerdings innerhalb eines Zeitplans, den nicht wir vorgeben, sondern Gott.

Konflikte wagen und Vorwürfe loslassen

Andere als Andere auszuhalten, heißt, ihre Geschöpflichkeit und Gottebenbildlichkeit zu würdigen, nach Bereicherungen für das eigene Leben zu fragen, ihre Geistbegabung ernst zu nehmen. Es heißt aber auch, ihre Anfänglichkeit und Unvollkommenheit auszuhalten. Und wo lauter unvollkommene Menschen zusammen sind, ist die Gemeinschaft notwendigerweise auch unvollkommen. Weil dadurch nicht selten unheilvolle Dynamiken in Gang gesetzt werden, sind wir auf heilsame Unterbrechungen angewiesen, z. B. durch Gottesdienst und Seelsorge. Solche Unterbrechungen können Mut machen, auf der einen Seite Konflikte zu wagen und Klärungen herbeizuführen und auf der anderen Seite wechselseitige Vorwürfe loszulassen und, wo nötig, einander zu vergeben.[87] Dabei geht es in Gemeinden häufig nicht um „große" Geschichten, sondern um das, was sich im Laufe der Jahre als Verletzungen ansammelt.

Beispiel: Eine Presbyterin ist eingeteilt, um die Abkündigungen im Gottesdienst weiterzugeben. Sie legt das Buch auf ihren Platz und begrüßt noch ein paar Leute. Als sie sich kurz vor dem Gottesdienst setzt, ist das Buch weg. Ihr fällt schnell auf: Es hat ein anderer Presbyter genommen, der die Aufgabe gerne wahrnimmt und auch in diesem Gottesdienst durchführt. Hintergrund: Demnächst sind Presbyterwahlen.

Wenn sich solche Erfahrungen aneinander reihen, sind die Verletzungen z. T. tief. Und es werden „Rabattmarken" gesammelt, die ins eigene Lebensheft „eingeklebt" werden, um bestimmte unangenehme Erfahrungen anderer im entsprechenden Moment vorhalten und zurückzahlen zu können.[88] Heilsam wäre dagegen, solche Rabattmarken loszulassen und die zwischenmenschlichen Verletzungsgeschichten heilsam zu unterbrechen, was natürlich einfacher gesagt als getan ist. Denn das Sammeln und Zurückzahlen geschieht häufig unbewusst. Dass es schwierig ist, auf Sammeln und Heimzahlen zu verzichten, bedeutet umgekehrt nicht, dass es unmöglich wäre. Manchmal gelingt es „einfach so", Vorwürfe loszulassen und im Herzen zu vergeben. Manchmal ist dazu ein konfrontierendes Ge-

---

87 Vgl. das praktische Buch von Dieter Pohl: Konflikte in der Kirche. – Zu psychologischen Bedingungen und Grenzen der Vergebung und den hinderlichen und förderlichen Faktoren vgl. Kutter, Schuldgeschichten; Tausch, Vergeben.
88 Vgl. Stewart/Joines, Transaktionsanalyse, 311–315.

spräch mit den betreffenden Personen nötig, auch wenn das innerkirchlich nicht sehr eingeübt ist. Manchmal ist auch Unterstützung nötig, z.B. durch Seelsorge- und Beratungsgespräche.

Insgesamt geht es nicht darum, einen Zustand zu erreichen, in dem wir alle Vorwürfe und Verletzungen für immer und endgültig losgelassen haben. Es geht vielmehr darum, dass wir uns unterbrechen lassen; dass wir uns aufmerksam machen lassen, wo wir sammeln und wann wir heimzahlen. Es geht darum, dass wir uns selbst auf die Spur kommen und besser verstehen. Es geht darum, dass wir an einigen Stellen unser Verhalten verändern, den Konflikt wagen und Vorwürfe loslassen.

Systemimmanente Leitungsgrenzen aushalten

Andere als *Andere* auszuhalten, ihre Unvollkommenheit genauso wie ihre Geistunmittelbarkeit, hat auch Implikationen für das Verständnis von Leitung. So reflektiert der badische Theologe Michael Nüchtern in seinem Beitrag zur Tagung *Aus Fehlern lernen?* (vgl. Kapitel 1), was es bedeutet, dass die Kirche von den Vielen lebt, die neben ihrer Unvollkommenheit auch geistbegabt und gottunmittelbar sind und nicht in eine straffe Hierarchie eingeordnet werden können. Der Leib Christi mit den vielen Gliedern setzt der Macht der Einzelnen deutliche Grenzen, sodass nicht einfach Konzepte von oben nach unten durchgesetzt werden können, wobei es auch in Betrieben nicht nur darauf ankommt, Dinge durchzusetzen, sondern auch Menschen dafür zu gewinnen. Und doch sind dort Vorgaben von oben eher möglich und auch nötig. Im Unterschied dazu gehört zum Wesenszug der Kirche neben der Einheit, die nach evangelischem Verständnis in Christus bzw. im dreieinigen Gott liegt und nicht in der konkreten Gestalt der Kirche, die Vielgestaltigkeit einschließlich der verschiedenen Überzeugungen, die auf ganz unterschiedliche Weise auf den dreieinigen Gott verweisen, zum Teil konträre Schwerpunkte setzen etc. „Die

Grenze kirchenleitender Planung ist darum die kirchenleitende Verantwortung anderer kirchlicher Organe. [...] Das einheitliche Subjektsein von Kirche, das für strategisches Handeln unabdingbar ist, ist dadurch schwer zu realisieren."[89] Dass dieses einheitliche Subjektsein nach Nüchtern gesellschaftlich immer notwendiger wird, verstärkt das Problem nur. Wenn Organisationsberater klarere und stärkere Leitung fordern,[90] ist zu fragen, wie Leitung so verstanden werden kann, dass der Wesenszug „Vielfalt" und die bewusste Begrenzung der Macht Einzelner in der Kirche ernst genommen werden. Hier ist bezüglich der Transformation des Leitungsbegriffs in kirchliche Strukturen noch einiges zu tun. Bisher nehme ich in der Praxis ein Schwanken zwischen Nichtwahrnehmen von Leitung auf der einen Seite und umso stärkeren Versuchen, Dinge von oben nach unten durchzusetzen, auf der anderen Seite wahr.

Einen völlig anderen Umgang mit notwendigen Veränderungen, der nicht auf starke Leitung setzt, dafür aber wahrscheinlich entsprechende Chaosängste bei nicht allzu risikoverliebten Kirchenvertreterinnen und -vertretern heraufbeschwört, beschreibt der Wiener Organisationsberater und Managementtrainer Martin Gössler: „Experiment und Lernen treten anstelle von Planung; evolutionäre Selektion ist das bestimmende Prinzip." Viele Gruppen und Teams erarbeiten in eigener Verantwortung und auf eigene Rechnung Lösungen für ein Projekt. Und der Markt bestimmt, welche wenigen Ideen sich durchsetzen werden bzw. von Großunternehmen eingekauft werden. „Das Scheitern vieler ist die Voraussetzung für den Erfolg weniger."[91] Das aber ist rein strukturell (auf eigene Verantwortung und Rechnung!) mittelfristig nicht machbar, ganz abgesehen davon, dass es dabei ja nicht nur um Konzepte geht, sondern mit die-

89 Nüchtern, Planung, 44f.
90 Vgl. z.B. Asselmeyer, Scheitern, 15; Barrenstein, Münchenprogramm, 35f; Fischer, Lernen, 41.
91 Gössler, Scheitern, 5.

sen Konzepten immer auch Menschen von der Selektion betroffen sind. Es würde außerdem die Fähigkeit zum Umgang mit Scheitern und mit Konkurrenz voraussetzen, die voraussichtlich auch in den nächsten Jahren innerkirchlich nur begrenzt vorhanden sein wird.[92] Auch das ist also keine wirkliche Lösung.

Heilsam wäre es, zunächst einmal dieses Problem, die Spannung zwischen Vielfalt und Handlungsfähigkeit, wahrzunehmen und in kirchliche Beratungsprozesse und Veränderungsprojekte einzubeziehen.

Zum Beispiel: Pfarrerin F.

Ich konkretisiere die bisherigen Überlegungen an einem Beispiel:

Pfarrerin F. kommt neu in eine Gemeinde. Sie lässt sich gerne auf die Vielfalt und Unterschiedlichkeit der Menschen und Gruppen ein. Besonders liegt ihr der Gottesdienst am Herzen. Sie möchte mehr Menschen als bisher an der Durchführung beteiligen. Das gelingt ihr alles in allem. Aber sie stößt dabei auch auf Probleme, für die es keine einfachen Lösungen gibt. Manche Presbyterinnen und Mitarbeiter sind gut geeignet für die Lesungen im Gottesdienst. Eine andere Frau ist zwar ‚schon immer' im Leseplan eingeteilt, kann aber beim besten Willen nicht vorlesen. Darf Pfarrerin F. ihr das um der Gemeinde willen sagen? Hätten es andere vor ihr tun müssen (was müßig ist zu überlegen, da sie es nicht getan haben)? Wie würde die Frau es aufnehmen? Wäre sie zu einer Fortbildung bereit? Oder dazu, sich an anderer Stelle einzubringen?

Dazu kommt in dem konkreten Fall für die Pfarrerin ein weiteres Problem: Jedes neue Lied zeigt die Begrenzungen des langjährigen, engagierten und im traditionellen Bereich auch einigermaßen guten Organisten. Mitarbeiter/-innen für Gitarre oder Keybord stehen nicht jeden Sonntag zur Verfügung und eine entsprechende Liedbegleitung passt nicht in jede Situa-

---

92 Vgl. Knieling, Scheitern; ders., Konkurrenz.

tion. Außerdem soll der Organist nicht den Eindruck haben, Zug um Zug verdrängt zu werden. In der Gemeinde sind die Meinungen geteilt. Manche sind zufrieden, entweder weil sie keine allzu hohen Ansprüche haben, weil sie nichts anderes kennen oder einfach solidarisch mit dem Organisten sind. Andere wünschen sich bei neueren Liedern eine flottere Begleitung, mehr Schwung und Dynamik. Die Pfarrerin fühlt sich zwischen den Stühlen. Sie selbst mag Kirchenmusik und traditionelles Liedgut, würde aber gerne um der Menschen willen, die sich über neuere Musik freuen würden, auch den modernen Bereich ausbauen. Soll sie die Grenzen des Organisten hinnehmen? Was könnten sinnvolle Verbesserungen sein? Können weitere Mitarbeiter/-innen für alternative Liedbegleitung und Musik im Gottesdienst gewonnen werden? Kann der Organist dafür gewonnen werden, dass sein ‚Raum' bezüglich der Musik im Gottesdienst beschnitten wird?

Diese Fragen können nicht allgemein entschieden werden, müssen aber in der konkreten Situation gestellt und beantwortet werden. Sie nicht zu stellen und nicht zu beantworten, führt in vielen Gemeinden dazu, dass sich latente Unzufriedenheit breit macht, die an mehr oder weniger geschützten Orten auch gepflegt und geäußert wird. Eine Entscheidung zu treffen, hieße: Entweder ich arbeite konkret an einer Veränderung, die ja mit der betreffenden Person besprochen werden könnte, oder ich akzeptiere und ertrage die Situation und höre dann bewusst auf, die eigene Unzufriedenheit und den Unmut zu pflegen. Als Hilfe für die Entscheidungsfindung könnte die o.g. Formel von Beckhard dienen: Ist das Produkt aus „Leidensdruck × Vision × erste Schritte" größer als der Widerstand? Wenn ja, kann eine Veränderung gelingen. Wenn nicht, ist die Zeit nicht reif. Vielleicht gelingt dann sogar ein humoriger Umgang mit der Situation (s. u.): Pfarrerin F. hört auf, den Gottesdienst an den Stellen zu vervollkommnen, an denen es nicht geht. Die Entspannung, die dadurch eintritt, könnte dazu führen, dass auch der Gottesdienst zwar nicht vollkommener, aber entspannter und lebendiger wird und damit eine eigene Ausstrahlung hat, wenn z. B. jemand aus dem Seniorenheim die Fürbitten für Alte und Kranke rhetorisch dürftig, aber mit Herz und Hingabe nicht nur spricht, sondern betet. Ganz gleich, wie die Entscheidung ausfällt: Dass überhaupt eine Entscheidung getroffen wird, fördert die Gemeindegesundheit.

11. Humor zulassen

Humor als Stärkungsmittel und Therapeutikum

„Humor ist, wenn man trotzdem lacht." Diese dem deutschen Schriftsteller Otto J. Bierbaum (1865–1910) zugeschriebene Definition charakterisiert treffend, worum es beim Humor geht: Ums ‚Lachen' und ums ‚Trotzdem'. Die Situation ist ganz und gar nicht zum Lachen. Sie scheint ausweglos. Eine Lösung der Probleme ist nicht in Sicht. Und da ist es egal, ob sich diese Situation einfach tragisch entwickelt hat – keiner trägt so recht die Verantwortung –, oder ob konkrete Schuld anderer oder eigenes Versagen eine Rolle spielen. Die Situation ist verfahren und ganz und gar nicht zum Lachen. Doch Humor gedeiht gerade in solchen Situationen. Humor ist nicht einfach nur Witz und Lachen. Humor heißt auch nicht, sich vor allem über *andere* lustig zu machen. Das ginge in Richtung Ironie und Sarkasmus, wobei die Unterscheidungen in der Fachliteratur keineswegs klar sind. Humor heißt, *einer schwierigen Situation ins Gesicht zu lachen*, sich nicht davon bestimmen oder erdrücken zu lassen. Das schließt das Lächeln über andere ein, stellt es aber nicht in den Vordergrund. Humor bezieht auch sich selbst und die eigenen Schwächen ein. „Humor ist, wenn man trotzdem lacht." Humor entzündet sich am Gegenteil. Totalitäre Systeme sind Nährboden für politischen Humor, der freilich weniger auf der Bühne als hinter vorgehaltener Hand weitergegeben wird. Drei Beispiele:

„In der Zeit der NS-Diktatur treffen sich zwei Psychiater. Sagt der eine: ‚Heil Hitler!' Darauf der andere: Wieso ich? ‚Heil du ihn doch!'"[93]

„Während der Nazizeit sieht ein altes Mütterchen in einer Buchhandlung zum erstenmal in ihrem Leben einen Globus. Sie lässt ihn sich erklären und dann will sie wissen, wo denn nun das Deutsche Reich liegt. Verwundert starrt sie auf den unerwartet kleinen Fleck. Dann fragt sie sorgenvoll: ‚Weiß der Führer das?'

In einem Cafe in der DDR: ‚Bitte bringen Sie mir einen Kaffee ohne Sahne.' Nach einer Weile kehrt die Bedienung zurück. ‚Sahne ist aus. Darf's auch ohne Milch sein?'"[94]

Lachen befreit, schafft neue Luft zum Atmen, gibt Kraft, die Situation auszuhalten, sich mit ihr zu arrangieren. Humor stärkt die eigenen Abwehrkräfte, dient der Gesundheit und eröffnet dem Mut zum Widerstand einen eigenen Raum. Kurz: Er stärkt das Rückgrat.

Sigmund Freud hat das auf seine Weise beschrieben: „Der Humor hat nicht nur etwas Befreiendes wie der Witz und die Komik, sondern auch etwas Großartiges und Erhebendes [...]. Das Großartige liegt offenbar im Triumph des Narzissmus, in der siegreich behaupteten Unverletzlichkeit des Ichs. Das Ich verweigert es, sich durch die Veranlassungen aus der Realität kränken, zum Leiden nötigen zu lassen, es beharrt dabei, dass ihm die Traumen der Außenwelt nicht nahe gehen können, ja es zeigt, dass sie ihm nur Anlässe zu Lustgewinn sind."[95]

Auch wenn der letzte Satz in seiner Ausschließlichkeit überzogen sein mag, ist die Grundaussage plausibel. Humor ist eine wirksame Form, den Widrigkeiten des Lebens zu trotzen. Aus solcher Kraft erwachsen manchmal neue, kreative, bisher für unmöglich gehaltene Ideen und Problemlösungen.

93 Dirnbeck, Gott, 27.
94 Bukowski, Humor, 27.
95 Freud, Humor, 278.

Es ist also kein Wunder, dass in den letzten Jahren der Humor für Therapie und Seelsorge neu entdeckt wurde. Wo es um Distanzierung von bestimmten Situationen, Verhaltensmustern, Zwängen etc. geht, liegt es nahe, den distanzierenden Effekt von Humor zu nützen. So wurden in der Individualpsychologie (Alfred Adler; Michael Titze) genauso wie in der Logotherapie (Viktor Frankl) paradoxe Interventionsformen entwickelt. Denn: „Humor ist ein hervorragendes Mittel, den Menschen von sich selbst – und damit auch von seinen Ängsten und deren Umklammerung – zu distanzieren."[96] Auch das in der systemischen Therapie „Reframing" genannte Umdeuten oder Umdefinieren hat eine Nähe zum distanzierenden Effekt des Humors. Humor kann heilsame Wirkungen entfalten.[97] Warum sollte er nicht für die Förderung der „Gemeindegesundheit" entdeckt werden (vgl. Kapitel 5), zumal eine Wesensverwandtschaft zwischen Humor und Glauben zu bestehen scheint?

„Der Humor, sagt Erich Kästner, lehrt uns die ‚wahre Größenordnung' und die ‚gültige Perspektive'. Auch der Glaube will nichts anderes als uns die wahre Größenordnung und gültige Perspektive zeigen. Darum hat der Glaube sehr viel mit Humor zu tun, gerade weil er eine ernste Sache ist."[98]

Humor des Glaubens

Die distanzierende und heilsame Wirkung des Humors ist in der Theologie an wenigen Stellen aufgegriffen worden.[99] Wenn das Leben letztlich in Gott verankert ist, von ihm

---

96 Kriz, Psychotherapie, 205.
97 Vgl. Robinson, Humor; Rusch, Lachtherapeut; Titze/Eschenröder: Humor; Trenkle, Ha-Handbuch.
98 Dirnbeck, Gott, 14.
99 Einen Überblick bietet Bukowski, Humor in der Seelsorge – da steht nicht nur Humor drauf, da ist auch Humor drin. Josef Dirnbeck führt in seinem katholisch-„fröhliche[n] Crashkurs des christlichen Glaubens" durch, was andere reflektieren – sehr zu empfehlen! Daneben sei nur verwiesen auf: Thielicke, Das Lachen der Heiligen und der Narren.

geschaffen und begrenzt, von ihm geliebt und erlöst, dann ist all unser Tun und Lassen in den Bereich des Vorletzten verwiesen.[100] Allem Weltlichen und Menschlichen ist damit der Charakter des Absoluten genommen. Es wird nicht unwichtig, aber zweitrangig. Wenn Situationen und Menschen der Absolutheit entrissen werden, kann darüber gelacht werden. Dann ist es nicht entscheidend, ob das, was nicht zum Lachen ist, von einem selbst oder anderen verschuldet ist oder sich einfach tragisch entwickelt hat. Oder umkehrt: Indem einer Situation ins Gesicht gelacht wird, wird sie entthront, werden ihr ihre absoluten Ansprüche streitig gemacht, wird sie enttarnt. In diesem Sinn korrespondieren Humor und Glaube.

Wilfried Härle verbindet in seiner Dogmatik beides, Humor und Glauben, vor allem in Bezug auf das eigene Tun und Lassen. Er bestimmt den Glauben als „daseinsbestimmendes Vertrauen" und leitet daraus ab, „dass die Lebensbewegung des Glaubens geprägt ist durch eine Gewissheit, die die Angst vor Enttäuschung und eigenem Versagen nicht ausklammert, sondern in ,getroster Verzweiflung' (M. Luther) in das Vertrauen auf Gott hineinnimmt. Glaubende sind dessen gewiss, dass die Entscheidung über das Scheitern und Gelingen ihrer Existenz *letztlich* nicht von ihren eigenen Anstrengungen und Bemühungen abhängt, sondern von dem, was ihnen von Gott her *zugedacht* ist und *zuteil* wird. Das nimmt dem eigenen Handeln nicht seine Wichtigkeit, wohl aber seine Verbissenheit und befähigt zu der Leichtigkeit und Gelassenheit, ja zu dem Humor des Glaubens, der seine Echtheit gerade in schwierigen, ,ausweglosen' Lebenssituationen erweist."[101]

Dabei ist klar, dass es diese Leichtigkeit und Gelassenheit nicht als Zustand gibt, der irgendwann erreicht werden könnte, sondern dass Leichtigkeit, Gelassenheit und Humor als Ausdrucksformen des Glaubens je neu geweckt werden müssen und deshalb anfänglich und unvollendet bleiben.

---

100 Zur Unterscheidung von Letztem und Vorletztem vgl. Bonhoeffer, Ethik, 137–162.
101 Härle, Dogmatik, 64.

Auch Karl Barth kommt auf den Humor im Spannungsfeld zwischen Letztem und Vorletztem zu sprechen, und zwar im Zusammenhang der Ehre, die Gott Menschen erweist, wobei der Begriff der Ehre ein Spezifikum der Barth'schen Verbindung von Dogmatik und Ethik ist.[102] Im Humor der Christen kommt zum Ausdruck, so Karl Barth, dass sie im Letzten darauf verzichten, sich selbst die Ehre geben und diese verteidigen zu müssen. Sie leben vielmehr davon, dass Gott ihnen seine Ehre schenkt:

„Humor ist das Gegenteil von aller Selbstbestaunung und Selbstbelobigung. Die Ehre des Menschen kommt von dem allein zu bewundernden und zu lobenden Gott. Wie sollte sie da anders als wirklich in freiem, Distanz nehmendem und wahrendem Humor erkannt, bejaht und ergriffen werden?"[103]

Humor ist insofern Ausdruck christlichen Glaubens, als es allem Weltlichen und Menschlichen die Absolutsetzung und Vergötterung verweigert. Humor schafft Distanz zu den negativen Folgen oder Nebenwirkungen des eigenen Handelns genauso wie zu Situationen, in denen ich mich vorfinde. Als solcher wirkt er heilsam. Noch einmal Karl Barth:

„Ich weiß wirklich auch: es umgibt uns von allen Seiten viel, viel Trauriges – und wir selbst sind ja immer wieder ganz unerfreuliche Gesellen. Aber indem ein guter Theologe wiederum nicht sich selbst dient, sondern Ihm, dem Vater Jesu Christi, darf er vergnügt und hoffnungsvoll auf seine auf alle Fälle von Gott geliebten Mitmenschen und sogar auf sich selbst blicken, darf er (je mehr er nur seine Sache ernst nimmt!) trotz allem von Herzen lachen und sogar über sich selbst lachen."[104]

---

102 Innerhalb des schon oben erwähnten § 56, Freiheit in der Beschränkung.
103 Barth, KD III/4, 765f.
104 Barth, Karl: Offene Briefe 1945–1968, hg. v. D. Koch (Karl Barth Gesamtausgabe, V. Briefe), Zürich 1984, 554, zitiert nach Bukowski, Humor, 35f.

Humor in diesem Sinne dient der Gemeindegesundung, ist aber (noch) nicht allzu weit verbreitet. Die Suche nach Anekdoten und Witzen, in denen Evangelikale, Liberale, ‚Normalos‘, Religionspädagoginnen, Krankenhausseelsorger, Mitarbeiterinnen im Eine-Welt-Laden etc. mit *sich selbst* humorvoll umgehen, gestaltet sich relativ schwierig. Die folgenden Beispiele können aus dem eigenen Witzerepertoire ergänzt werden:

Sagt eine Religionspädagogin zu ihrer Kollegin: „Meinst Du, der Heilige Geist könnte auch ohne gestaltete Mitte wirken?"

Fragt ein Evangelikaler bei einer Evangelisation: „Sollen wir die Leute alle noch einmal zählen, die sich bei der letzten Veranstaltung schon bekehrt haben?" – In der missionarischen Szene sind für den humorvollen Umgang mit sich selbst auch die Bücher von Adrian Plass gut geeignet.

Den folgenden Witz hat mir ein katholischer Freund erzählt: „Vater, Sohn und Heiliger Geist überlegen, wo sie Urlaub machen sollen. Sie blättern Reisekataloge durch, diskutieren hin und her. Plötzlich sagt der Heilige Geist: Lass uns doch nach Rom fahren. Da war ich noch nie."

Ein evangelischer Kollege erzählte mir: „Eine Ziege und eine Schnecke machen ein Wettrennen: Wer ist zuerst am Landeskirchenamt? Die Ziege rennt los, gibt alles und kommt irgendwann völlig erschöpft, aber siegesgewiss am Landeskirchenamt an. Die Schnecke ist schon längst da. Fragt die Ziege: „Wie bist du denn so schnell hier her gekommen?" „Tja", sagt die Schnecke, „schleimen, nicht meckern."

Das Problem dabei ist: Selbst wenn die Witze ursprünglich mit der *eigenen* Szene, Richtung oder Kirche humorvoll umgehen, sind sie nicht davor geschützt, dass sie von anderen weiter erzählt werden und sich so in den humorvollen Umgang mit sich selbst eine kleine oder große Portion Ironie oder Sarkasmus mischen, weshalb ich also den Religionspädagoginnenwitz und den katholischen gar nicht erzählen dürfte.

Über sich selbst lachen kann ziemlich heilsam sein. Humor ist, wenn wir trotzdem lachen: obwohl wir so sind, wie wir sind. Im Humor relativieren wir uns, unsere Überzeugungen, auch unsere theologischen. Wir relativieren unsere Ängste, die ja nicht selten die theologischen Überzeugungen nähren. Wir relativieren unsere individuelle und gemeindliche Geschichte, unsere Verletzungen genauso wie unsere Sehnsüchte. Um Missverständnissen vorzubeugen: Relativierung bedeutet, dass etwas zweitrangig wird, und nicht, dass es unbedeutend wird. Als Zweitrangiges bekommt es den begrenzten Respekt, der ihm zusteht, nicht mehr und nicht weniger.

Wenn durch Humor einer Situation ihre alles beherrschende Macht genommen wird, entsteht Freiraum, der neue Perspektiven, kreative Problemlösungen und ungewohnte Schritte möglich macht. Kurz: Humor ermöglicht Veränderungen. Es kommen also zwei Aspekte zusammen, die ich oben in unterschiedlichen Kapiteln beschrieben habe (7 bis 9): Mit Humor *erträgt* sich manches leichter. Und mit Humor wird deutlich, was gar nicht nur ertragen werden muss, sondern auch *verändert* werden kann.

12. Der Trauer Raum geben

Verluste und Abschiede – in Gemeinde und Kirche

Auch in der Trauer, die äußerlich so gar nichts mit Humor zu tun zu haben scheint, geht es um Auseinandersetzung mit einer schwierigen Situation. Auch in der Trauer geht es darum, veränderte Perspektiven und neuen Lebensmut zu gewinnen. Im Unterschied zum Humor ist dabei die herausfordernde Situation nicht einfach widrig. Trauer ist vielmehr eine manchmal überlebenswichtige menschliche

Reaktion auf einen *Verlust*. Bei einem Verlust geht es darum, dass ich jetzt etwas nicht mehr erlebe, z. B. die Gemeinschaft mit einem Menschen, was ich bis eben, bis vor wenigen Stunden oder Tagen noch erlebt habe oder jedenfalls hätte erleben können; dass ich jetzt etwas nicht mehr habe, das ich eben noch hatte; dass ich Abschied nehmen muss von jemandem, den ich unwiederbringlich verloren habe. Es geht um einen Verlust und zwar um einen unwiderruflichen Verlust. Trauer ist die gesunde menschliche Reaktion auf den Verlust eines Menschen, mit dem ich vertraut war, der mir lieb war, dessen Macken ich vermissen werde, der mir in irgendeiner Weise etwas bedeutet hat. Der Tod eines Menschen löst Trauer aus. Aber auch in anderen Situationen kann Trauer die gesunde und angemessene Reaktion sein: beim unwiederbringlichen Verlust des Arbeitsplatzes, wenn z. B. das eigene Werk geschlossen wird; beim endgültigen Scheitern der eigenen Ehe. Die letzten Beispiele zeigen, dass Trauer auch eine gesunde Reaktion im Umgang mit der Unvollkommenheit der ‚eigenen' Gemeinde sein kann. Was geht da verloren?

Manchmal gehen Mitarbeiterinnen und Mitarbeiter durch Wegzug verloren. Gerade ländliche Gemeinden leiden darunter, dass viele Mitarbeitende nach der Schule wegen der Ausbildung oder des Studiums die Gemeinde verlassen und deshalb auch die Mitarbeit aufgeben. Und wenn Mitarbeiterinnen und Mitarbeiter gehen, ist das eben ein Verlust, der bewältigt werden muss und der nicht einfach durch andere ersetzt werden kann.

Manchmal geht das harmonische Miteinander verloren; und es wirkt, als ob es nicht wieder hergestellt werden kann. Manchmal geht ein Riss durch das Team der Hauptamtlichen und die vorher spürbare wechselseitige Unterschützung scheint ein für allemal verloren.

Ich habe geschrieben ‚scheint ein für allemal verloren'. Von der Einschätzung, wie endgültig etwas verloren ist, hängt ab, ob die Trauer die angemessene Reaktion ist. Man könnte aber auch umgekehrt argumentieren: Wo sich Trauer einstellt, wird etwas als unwiederbringlich verloren erlebt. Und wo die mit der Trauer verbundenen Aufgaben (s. u.) bewältigt werden, kann manches von dem Verlorenen auf andere, neue Weise wiedergewonnen werden.

Manchmal zerbrechen eigene Ideale an der Wirklichkeit: Die junge Pfarrerin dachte, sie könnte den durchschnittlichen Gottesdienstbesuch innerhalb von fünf Jahren verdoppeln. Die Wirklichkeit lehrt sie, dass ihre Ziele zu hoch gesteckt waren. Wo solche Ideale verloren gehen, ist Trauer eine gesunde und angemessene Reaktion.

Darüber hinaus ist die Kirche insgesamt von großen Verlusten geprägt, die nicht neu sind, aber z. Z. wesentlich intensiver wahrgenommen werden als noch vor einigen Jahren: Die Zahl der Kirchenmitglieder nimmt kontinuierlich ab, manche Finanzquellen gehen unwiderruflich verloren. Was damit zusammen hängt, wird oft nicht realisiert: auch der gesellschaftliche Einfluss der Kirchen nimmt seit der Säkularisierung, bis auf wenige Unterbrechungen, konsequent ab. Herbert Asselmeyer fasst das so zusammen:

> „• Kirche *verliert* an Bedeutung (Relevanz*verlust*)
> • Kirche *verliert* an Größe (Mitglieder*verlust*)
> • Kirche *verliert* an Finanzen (Ressourcen*verlust*)
> • Kirche *verliert* Personal (Potenzial- und Ressourcen*verlust*)
> • Kirche zieht sich aus den Orten zurück (Identitäts*verlust*)
> • Kirche *verliert* Gebäude (Symbol*verlust*)
> • Kirche zieht sich von Aufgaben zurück (Sinn*verlust*)
> • Kirche zieht sich von den Menschen zurück", was auch Sinnverlust ist.[105]

Wie auch immer diese einzelnen Beobachtungen gewichtet werden und welche angeblichen oder tatsächlichen Sachzwänge zur Rechtfertigung dienen, eines macht die Aufzählung unübersehbar deutlich: Es geht um Verlust auf vielen

---

105 Asselmeyer, Scheitern, 8, kursiv R. K., ganz ähnlich: Huber, Kirche, 223–234.

Ebenen. Die Verluste in ihrer Breiten- und Tiefenwirkung zu realisieren und nicht schönredend darüber hinwegzugehen, wäre angemessen und, wenn auch ziemlich schmerzlich, so doch mindestens genauso heilsam für die Kirche insgesamt und die einzelnen Gemeinden (vgl. Kapitel 4).

Manchmal frage ich mich: Sind wir unfähig zu trauern, weil wir die Verluste nicht als solche realisieren und weil wir verinnerlicht haben, dass es für alles einen Schuldigen gibt, den wir nur finden müssen? Das wird sowohl durch die theologische Konzentration auf die Sünde als auch durch die zahlreichen gesellschaftlichen Individualisierungsschübe unterstützt. Dass es dagegen auch Entwicklungen geben könnte, an denen keiner im speziellen Sinne schuld ist, tragische Entwicklungen, denen wir manchmal nur hilflos und ohnmächtig gegenüberstehen, ist dagegen weder kirchlich noch gesellschaftlich eingeübt.

Verluste spüren und das Leben wagen

Um die mit der Trauer verbundenen Aufgaben zu konkretisieren, greife ich einen Ansatz aus der neueren Trauerforschung auf und beziehe ihn auf das vorliegende Thema. Kerstin Lammer, Pfarrerin und Supervisorin am Pastoralkolleg der Evangelischen Kirche von Westfalen, beschreibt sechs Aufgaben der Trauerbegleitung:

„Tod begreifen helfen (Realisation)
Reaktionen Raum geben (Initiation)
Anerkennung des Verlustes (Validation)
Uebergänge unterstützen (Progression)
Erinnern und Erzählen ermutigen (Rekonstruktion)
Risiken und Ressourcen einschätzen (Evaluation)"[106]

---

106 Lammer, Trauer, Rückseite; vgl. auch dies., Tod, 228. Hilfreich und insgesamt ähnlich sind auch die 16 „Schritte zur Begleitung scheiternder Projekte", die die Innsbrucker Psychoanalytikerin und Organisationsberaterin Heidi Möller und die Erziehungswissenschaftlerin Martina Pfeifer formulieren: Dies., Scheitern, 15.

Übertragen auf die Trauerprozesse in den o. g. Beispielen könnten die sechs Aufgaben so beschrieben werden:

1. Was in Gemeinde und Kirche verloren gegangen (,abgestorben') ist – Harmonie, Kollegialität, eigene Ideale, finanzielle Möglichkeiten, gesellschaftlicher Einfluss der Kirche – begreifen, heißt: Es nicht nur flüchtig, sondern genau anschauen, wahrnehmen, fragen: Was ist das im Einzelnen, was uns da verloren gegangen ist? Welche Ausmaße und Auswirkungen hat das? Dass dieses Wahrnehmen und Fragen schmerzlich ist, ist leider nicht zu vermeiden.

2. Reaktionen – Schmerz, Ohnmacht, Hilflosigkeit, Traurigkeit, Wut – brauchen Raum. Der ist in der Kirche im Blick auf die unzähligen Abbrüche aber selten vorhanden und wird von den Betroffenen oft nicht ertrotzt. Umgekehrt fällt es positiv auf, wenn die VELKD eine liturgische Handreichung zur Entwidmung und zum „Abschied von einem Kirchengebäude" herausgibt (vgl. Literaturverzeichnis).

3. Die *Anerkennung des Verlustes* schließt ein, dass ich es als Verlust für mich bzw. für uns als Gemeinde nicht nur im Kopf, sondern auch im ‚Bauch' realisiere und dass ich zulasse, dass es mich berührt und schmerzt.

Eine Kollegin erzählt: „Ich war in einem Jugendausschuss, wo die Pastorin gehen sollte, an der alle hingen. Als ich Ängste und Trauer aufschreiben ließ, kam da ganz viel. Eigentlich hatten sie um alles Angst. Es war hilfreich zu differenzieren: Die Pastorin geht und darüber darf man trauern, auch und gerade wegen persönlicher Bindungen. Aber damit ist noch nicht gesagt, dass jetzt auch alles andere (Veranstaltungen, Kreise etc.) verloren ist. Als die Leute kapiert haben, dass es auch an ihnen liegt, wie es mit den Kreisen weitergeht, war die Stimmung auf einmal viel hoffnungsvoller. Sie fingen an, auch das zu sehen, was sie nicht verloren haben, und das diffuse Gefühl von ‚alles geht den Bach runter' wurde durchbrochen. Ähnlich ging es mir letzthin, als sich eine meiner Hauptmitarbeiterinnen zurück zog. Ich habe darum getrauert, aber es war dann auch eine Hilfe auf die zu schauen, die bleiben, um die richtige Gewichtung zu behalten."

4. *Übergänge wagen* heißt, sich dem Leben wieder zuzuwenden, Verlorenes loszulassen und, wo das nicht so recht gelingen mag, sich Unterstützung zu holen.

5. Dabei können auch *Erinnern und Erzählen* helfen. Geschichten vom vergangenen gesellschaftlichen Einfluss der Kirchen, von den finanziellen Möglichkeiten der 80er Jahre (des 20. Jahrhunderts), von blühender Gemeindearbeit zu erzählen, kann zwar Flucht vor der Gegenwart in die angeblich besseren alten Zeiten sein, kann aber ebenso der eigenen Auseinandersetzung mit der Gegenwart und der Realisierung ihres Unterschiedes zu anderen Zeiten dienen, wenn Menschen nicht bei der Sehnsucht nach den „guten alten Zeiten" stehen bleiben. Hier wird deutlich, dass die einzelnen Traueraufgaben nicht „der Reihe nach" zu bewältigen sind, sondern z. T. mehrfach durchlaufen werden müssen und sich wechselseitig unterstützen.

6. *Risiken und Ressourcen einschätzen* dient einer realistischen statt idealistischen Zielentwicklung, die sich an der vorfindlichen Situation, an den Menschen mit ihren Gaben und spürbaren Begrenzungen und an der eigenen ‚Durchschnittlichkeit' orientiert.

Der Trauer Raum geben, heißt: die Gemeindegesundheit fördern. Bestimmte Abbrüche und Rückgänge sind nicht zu vermeiden und nicht zu übersehen. Davor nicht die Augen zu verschließen, sondern den Rückgang von Einfluss, Geld und Personal bewusst wahrzunehmen, zu betrauern und sich so dem (Gemeinde-)Leben wieder neu zuwenden zu können, heißt der Gesamtgesundheit einer Gemeinde zu dienen.

Wo die Trauer Raum hat, kann sortiert werden: Was hat sich tragisch entwickelt? Was ist die Verantwortung anderer? Was ist mein Beitrag, meine Verantwortung, meine Schuld?[107]

---

107 Vgl. dazu Kapitel 10: Konflikte wagen und Vorwürfe loslassen.

13. Spiritualität leben

Gemeinden als Orte der Spiritualität

Gemeinden sind Orte, in denen manches verbessert und weiter entwickelt wird, in denen anderes ausgehalten und ertragen wird. Gemeinden sind Orte, in denen (hoffentlich) Humor zugelassen wird und der Trauer über die – auch gesamtkirchlichen – Verluste Raum gegeben wird. Gemeinden sind auch Orte, an denen Spiritualität gelebt wird und die auf Inspiration von außen angewiesen sind. In vielen Gemeinden gibt es Zeiten und Orte, die Menschen als spirituell empfinden, in denen sie sich mit ihrer Spiritualität aufgehoben fühlen, die sie als inspirierend, anregend und belebend empfinden. Für manche sind das traditionelle Gottesdienste oder die stille Andacht in einer offenen Kirche, für andere Thomasmessen oder Taizé-Andachten, für wieder andere Lobpreiszeiten oder Hauskreise. Und ich kenne viele Menschen, die zum Gottesdienst, ganz gleich welcher Art, vor allem des Segens wegen gehen.[108] Entsprechend erfreuen sich Einzelsegnungen, in der Thomasmesse als Salbung, immer größerer Beliebtheit. Das Gespür für die eigene Bedürftigkeit und der Wunsch nach Vergewisserung scheinen zu wachsen. Es ist gut, dass es in vielen Gemeinden solche Orte und Zeiten gibt, die als spirituell fördernd erlebt werden, auch wenn das nicht die ganze Gemeinde durchziehen mag und manchmal an eher abgelegenen Stellen zu finden ist.

Es ist genauso nötig und gut – im Sinne wechselseitiger Bereicherung – dass es außerhalb von Gemeinden Orte gibt, an denen Spiritualität besonders gepflegt wird: in Häusern der Stille genauso wie in Kommunitäten, evangelischen und natürlich auch katholischen Klöstern. Einkehrtagungen, Retraiten, Fastenwochen etc. ermöglichen und unterstützen die Spiritualität Einzelner, die auftanken, neue Kraft schöpfen, innerlich verändert wer-

108 Vgl. Ende von Kapitel 6.

den, Zugang zu ihrem Humor finden und so mit neuer Energie in die Gemeinde zurückkehren. Und vielleicht lässt sich dort ja der eine oder die andere anstecken. Gemeinden sind Orte, an denen Spiritualität gelebt wird und die auf Inspiration von außen angewiesen sind.

Spiritualität verbindet *Gottes Geistwirksamkeit und menschliche Haltung*, Erwartung, Bereitschaft, Suchbewegung. Spiritualität hat genauso viel mit Gottes unverfügbarem Wirken wie mit unserem Einüben zu tun. Menschen richten sich in ihrem Verhalten auf Gottes unverfügbares Handeln aus. Spiritualität einüben heißt: Sich damit anfreunden, dass das eigene Leben wie das anderer Menschen und der Gemeinde Geschenk ist und dass es in dieser Welt brüchig und auf *Gottes* Zuwendung und Vollendung angewiesen bleibt.

Diese beiden Dimensionen spiegeln sich in den unterschiedlichen Begriffsbestimmungen wider: Spiritualität ist „das wahrnehmbare geistgewirkte Verhalten des Christen vor Gott".[109] „Spiritualität ist die Achtsamkeit und Durchlässigkeit für das Kommen des Geistes, der in mir und durch mich die Tat vollbringen will, zu der ich von Gott gefordert bin."[110] Spiritualität ist die „subjektive Seite der Dogmatik".[111]

Gebete als Orte der Klage, Hoffnung und Verwandlung

Wer achtsam ist für das Wirken des Geistes Gottes, nimmt wahr, was dieser tut und was er nicht tut, wann und wo er weht und wo er nicht weht. Auch wenn wir dieses Wirken nicht immer präzise wahrnehmen mögen, gehören die beiden Seiten der Wirksamkeit Gottes zu unserer Erfahrung: Dass wir ihn als den Redenden und Handelnden wahrnehmen und dass wir sein Schweigen und Nicht-Handeln aus-

109 Evangelische Spiritualität, 12.
110 Möller, Spiritualität, 155.
111 Balthasar, Spiritualität, 341.

halten müssen. Das korrespondiert mit unseren Erfahrungen mit uns selbst: Manchmal sind wir glücklich über und stolz auf unsere Leistungen, manchmal wenigstens zufrieden damit, nicht selten auch enttäuscht, traurig oder verärgert.

Das alles hat seinen Ort im Gebet, in der Klage und im Lob, im Bitt- und im Dankgebet. In den Psalmen spiegeln sich die verschiedenen Facetten auf unüberbietbare Weise und zeitgenössische Psalmübertragungen, z.B. von Peter Spangenberg, Arnold Stadler oder Pierre Stutz, laden genauso wie der klassische Luthertext dazu ein, die verschiedenen Facetten zu entdecken.

Wenn ich nun diese grundsätzlichen Aussagen auf das Thema diese Buches beziehe, zögere ich einen Moment. Warum? Warum versteht es sich nicht von selbst, dass ich schon in einem der bisherigen Kapitel auf das Gebet verwiesen habe? Möglichkeiten dazu hätte es einige gegeben. Wer Gemeindeentwicklung vorantreiben will, kann Gott um Unterstützung und um seinen Segen bitten. Wer an Grenzen stößt, an eigene oder andere, kann diese im Gebet benennen und Gott klagen. Wer trauert, kann seine Enttäuschung, Ohnmacht und Hilflosigkeit vor Gott ausbreiten. Ich habe in den entsprechenden Kapiteln nicht auf das Gebet verwiesen, weil ich mehrere Gefahren sah:

- Im eher missionarischen Bereich beobachte ich manchmal, dass das Gebet als „Erfolgssicherungsmethode" für die eigenen Gemeindeentwicklungsvorstellungen ge- bzw. missbraucht wird. Wo die Grenze des ehrlichen Ausdrucks eines eigenen Herzenswunsches ist – z.B. „Vater im Himmel, bitte segne unsere Gottesdienst, mehre die Besucherzahlen, lass Entscheidungen für den Glauben fallen" –, und ab wann es funktionalisiert wird – z.B. „Herr Jesus, lass die anderen doch bitte endlich einsehen, dass ..." –, kann nur jede/-r für sich entscheiden.

- Als weitere Gefahr sehe ich, das Gebet als Flucht zu ge- oder missbrauchen, statt sich den Grenzen zu stellen und sich damit auseinander zu setzen. Auch hier kann die entscheidende Frage jede/-r nur selbst beantworten: Bringe ich im Gebet vor Gott, was mich bewegt, wo ich mit eigenen oder anderen Grenzen nicht klarkomme, wo ich mir selbst im Weg stehe etc.? Oder ge- bzw. missbrauche ich das Gebet als Fluchtort, damit ich mich den Grenzen und mir selbst nicht stellen muss? Dann bitte ich Gott um die Erweiterung der Grenzen, damit es für mich nicht so schmerzlich wird und ich mich nicht verändern muss.

- Eine dritte Gefahr ist sicher, dem Gebet gegen die Ermutigung Jesu „Bittet, so wird euch gegeben" gar nichts zuzutrauen (Mt 7,7(–11) par.). Hinter einer solchen Einstellung mögen schlechte Erfahrungen mit dem Gebet stehen, enttäuschte Erwartungen oder die Sorge, der ersten Gefahr zu erliegen. Hier gilt es, nach Wegen zu suchen, auf denen neues Vertrauen gewonnen werden könnte.

Für mich geht es im Gebet darum, zu sagen, was mir auf dem Herzen liegt, wofür ich dankbar bin, was mich beschwert oder was ich mir wünsche: Mitarbeiter/-innen, die mich inspirieren und ermutigen, kirchliche Entwicklungen, die mich erfreuen; Grenzen, die ich nur schwer akzeptieren kann; Streichungen, die mir Not machen; Veränderungsprozesse, denen ich mich nicht gerne stelle. Wenn ich dabei erwartungslos werde oder Gefahr laufe, das Gebet doch wieder als Erfolgssteigerungsmethode einzusetzen und/oder dauerhaft vor der Auseinandersetzung mit mir selbst zu fliehen, bin ich darauf angewiesen, dass ich korrigiert werde: durch Schwestern und Brüder, durch Gottesdienste, durch Einsicht, die in der Stille wächst, durch Gebete, die andere formuliert haben, wie z.B. die Psalmübertragungen von Pierre Stutz. Das Beispiel dient als Anregung, sich auf die Suche nach entsprechenden Psalmübertragungen zu machen oder selbst welche zu formulieren:

„Steh uns bei
Du
resigniert sind wir
das Vertrauen in uns ist weg

Lügen gewinnen die Oberhand
auch in der Kirche

Sie reden vom Dienen
und spielen täglich ihre Macht aus [...]

Stürze die Mächtigen
die uns die Verheißung
Dein Volk zu sein
nicht mehr zutrauen

Lass Deine Botschaft neue Kraft gewinnen
durch unseren Widerstand hier und jetzt"[112]

Wer betet, wendet sich an Gott; an den Gott, der in Jesus Mensch geworden ist; an den, dessen zerbrechlicher Leib unsere gebrochene Wirklichkeit spiegelt; an den, dessen zerbrechlicher Leib verwandelt und zu neuem Leben erweckt wurde und der durch seinen Geist diese Verwandlung mit uns teilt.

Spiritualität und Fragment

Ich nehme noch einmal die *drei Dimensionen des Fragments*, die Henning Luther unterscheidet, auf und beziehe sie auf Spiritualität: Spiritualität einüben heißt: *Vertrauen* wagen, sich durch biblische Geschichten vom Scheitern und Neuanfang locken lassen, wechselseitige Vorwürfe und Verdächtigungen loszulassen, einander zu vergeben und neu miteinander anzufangen.

Spiritualität einüben heißt: *Hoffnung* wagen, die Hoffnung nähren durch biblische Erwartungs- und Hoffnungsgeschichten, heißt warten, bis Gott vollendet, was *er* angefangen hat und was wir pflegen.

Spiritualität einüben heißt: *Liebe* wagen; den anderen als Anderen lieben und das Fremde in mir. Das muss nicht Liebe auf den ersten Blick sein. Manchmal sind es

112 Stutz, Raum, 21, nach Ps 11,1: © Rechte beim Autor: www.pierre stutz.ch.

ganz vorsichtige Annäherungen: wenn z. B. ein missionarischer Mitarbeiter anfängt, sich bei seiner persönlichen Bibellese auf feministische Perspektiven einzulassen oder umgekehrt. Wie heißt es doch: Unterschiede ziehen sich an. Sich aufeinander einlassen und womöglich sogar Zuneigung und Liebe wachsen lassen ist um Gottes, um der Menschen und um unserer selbst willen nötig, hilfreich und heilsam; weil Gott die Wahrheit nicht nur bei uns, sondern auch bei anderen versteckt hat, wie Fulbert Steffensky sagen würde.

Um den dreieinigen Gott, um Offenheit für sein Wirken geht es in aller Spiritualität. In unseren Übungen bleiben wir darauf angewiesen, dass Er uns heilsam unterbricht und irgendwann vollendet, was er in uns und anderen angefangen hat.

14. Unvollkommenheiten und Entwicklungspotenziale in einer Gemeinde entdecken – ein Leitfaden

Zum Schluss bleibt die Frage, wie die Anregungen dieses Buches auf eine konkrete Gemeinde bezogen werden können. Die folgenden Fragen sollen eigene Ideen dazu nicht ersetzen, sondern fördern.[113]

Gemeinde wahrnehmen

Die Gemeinde kann nach Vorschlägen aus der Gemeindeberatungsliteratur analysiert werden.[114] Entscheidende Faktoren dabei sind: Gemeindeorte (Kirche, Gemeindehaus ...),

---

113 Wer entsprechende Versuche in der eigenen Gemeinde wagt, darf mich gerne daran teilhaben lassen, wenn er oder sie mag. Email-Adresse über www.johanneum.net oder www.kiho.thzw.de.
114 Vgl. z. B. Arbeitsbuch Ökumenische Gemeindeerneuerung, 29–42.

Gruppen, Gremien, wichtige Einzelpersonen benennen; Entscheidungskompetenzen den Gruppen, Gremien bzw. einzelnen Personen zuordnen; Beziehungen beschreiben, einschließlich bestimmter Affinitäten und Sympathien; Spannungen und Konfliktfelder benennen; nach faktisch vorhandenen leitenden Bildern fragen: Welche Ideale werden von wem verfolgt? Welche Differenzen zwischen Ideal und Wirklichkeit gibt es?

Unvollkommenes anschauen und
Potenziale entdecken

In einem zweiten Schritt kann die Analyse durch die Anregungen aus dem zweiten Teil dieses Buches vertieft werden. Dabei helfen folgende Fragen:

- Was an unserer Gemeinde erscheint relativ gesund und was relativ krank (vgl. Kapitel 5)? – Es wäre durchaus normal, wenn die Einschätzungen an dieser Stelle, wie auch bei den folgenden Fragen, auseinander gingen.

- Was wirkt Gott, ist also nicht unsere Verantwortung, und was ist unsere Verantwortung (Kapitel 6)?

- Wo gibt es Anregungen für unsere Gemeinde – außerhalb unserer eigenen Prägung, unserer Art zu glauben, zu denken und zu handeln? Was wäre die Herausforderung in der Auseinandersetzung damit (Kapitel 8)?

- Wohin wollen wir mit der Gemeinde? Welche faktischen Erwartungen oder Ziele haben wir? Welche müssen wir verkleinern, damit sie uns nicht erdrücken oder lähmen? Was sollten wir tun und was lassen? Welche kraftlos gewordenen Ziele bräuchten neue visionäre Kraft? Woher könnte diese kommen? Wie können die Ziele in konkrete Schritte umgesetzt werden? Für welche Schritte reichen realistischerweise die Kräfte? Wofür gibt es Mitstreiter/-innen? (Vgl. Kapitel 7 und 9)

Im Anschluss kann es durchaus sinnvoll sein, noch einmal zu fragen: Was wirkt Gott, ist also nicht unsere Verantwortung? Was sind zwar „Wünsche", aber keine „Ziele", die durch bestimmte Schritte erreicht werden können?

- Welche Grenzen können, zumindest im Moment, nur ausgehalten, ertragen und akzeptiert werden? (Vgl. Kapitel 10) Das kann sich auf Menschen beziehen, auf ihre Art zu reden und zu handeln. Das kann sich auf das beziehen, was in der Gemeinde fehlt: an Mitarbeiter/-innen, Gaben, Leidenschaft, Finanzkraft, Visionen, Einigkeit ... Das kann sich genauso auf gesellschaftliche Entwicklungen oder gesamtkirchliche Rahmenbedingungen beziehen. Und es kann sich schlicht auf die eigenen Begrenzungen beziehen. Gut ist es, wenn dabei der Humor nicht verloren geht:

- Wo hat Humor in unserer Gemeinde Raum? Was haben Humor und Gottvertrauen miteinander zu tun? Durch wen und durch was wird Humor gefördert/könnte er gefördert werden? (Vgl. Kapitel 11) Schließlich ist zu fragen:

- Wo brauchen wir Raum für Trauer, bezogen auf gemeindliche Abbrüche: personell, finanziell oder strukturell? (Vgl. Kapitel 12)

- Welchen Raum hat Spiritualität in unserer Gemeinde? Wo können Menschen ihre Gestaltung des Glaubens einbringen und leben? Und wodurch werden verschiedene Formen der Spiritualität, der inneren Belebung und geistlichen Erneuerung gefördert? (Vgl. Kapitel 13)

„Ich bin darin guter Zuversicht,
dass der in euch angefangen hat das gute Werk,
der wird's auch vollenden bis an den Tag Christi Jesu."

(Phil 1,6)

Literatur

Abschied von einem Kirchengebäude. Entwidmung (Liturgische Handreichung), hg. v. der Kirchenleitung der VELKD, Hannover 2006.

Arbeitsbuch Ökumenische Gemeindeerneuerung. Bausteine zur Gemeindeentwicklung in ökumenischer Weite (Weltmission heute 34), hg. v. EMW, Hamburg 1998.

ASSELMEYER, HERBERT, *Scheitern* kirchlicher Projekte: Analysen, Herausforderungen, Perspektiven – Kirche zwischen Tradition und Lerntheorie, in: Aus Fehlern lernen?, 8–20.

Aus Fehlern lernen? Scheiternde Projekte in einer lernenden Kirche (epd-Dokumentation 18), hg. v. GEP, Frankfurt am Main 2006.

BALTHASAR, HANS URS VON, *Spiritualität*, in: GuL 31, 1958, 340–352.

BARRENSTEIN, PETER, Erfahrungen mit dem Evangelischen *Münchenprogramm* (eMp) – Überlegungen zu den Erfolgsfaktoren von Projektarbeit in der evangelischen Kirche, in: Aus Fehlern lernen?, 31–36.

BARTH, KARL, Kirchliche Dogmatik III/4 (Die Lehre von der Schöpfung), Zollikon-Zürich 1951.

BARTMANN, PETER, *Heilungsversprechen* in Kirche und Gesundheitswesen, in: Von der heilenden Kraft des Glaubens. Ein Arbeitsheft für Gemeinden und Gruppen, hg. v. EMW, Hamburg 2005, 11–21.

BÄUMLER, CHRISTOF/METTE, NORBERT, Christliche *Gemeindepraxis*, in: Gemeindepraxis in Grundbegriffen. Ökumenische Orientierungen und Perspektiven, hg. v. Christof Bäumler u. a., Düsseldorf u. a. 1987, 9–38.

BECKHARD, RICHARD, *Organisationsentwicklung*. Strategien und Modelle. Baden-Baden u. a. 1972.

BECKE, GUIDO, Vom *Erhalten* durch Verändern zum Verändern durch Erhalten. Reproduktive Stabilität in Change Management-Prozessen, in: Organisationsentwicklung, 1/2007, 18–25.

BOHNER, GERD: Einstellungen, in: Sozialpsychologie. Eine Einführung, hg. v. Wolfgang Stroebe u. a., Berlin u. a. ⁴2002.

BONHOEFFER, DIETRICH, *Gemeinsames Leben*, München ¹⁵1976 (TB).

–, *Ethik*, hg. v. Ilse Tödt u. a., DBW 6, München 1992.

–, *Widerstand und Ergebung*. Briefe und Aufzeichnungen aus der Haft, hg. v. Christian Gremmels u. a., DBW 8, Gütersloh 1998.

BREMMER, JAN N. (Hg.), Kulturgeschichte des *Humors*. Von der Antike bis heute, Darmstadt 1999.

BRUDERECK, CHRISTINA, dazwischen *Funken*. Neue Gedichte zum Glauben, Witten 2007.

BUKOWSKI, PETER, *Humor* in der Seelsorge. Eine Animation, Neukirchen-Vluyn 2001.

Die *Barmer Theologische Erklärung*. Einführung und Dokumentation, hg. v. Alfred Burgsmüller u. a., Neukirchen-Vluyn 1983.

DIRNBECK, JOSEF, *Gott* lacht. Ein fröhlicher Crashkurs des christlichen Glaubens, München 2006.

EBACH, JÜRGEN, Der eine *Gott* und die Vielfalt der Menschen. Konkurrenzfragen in der Bibel und an die Bibel, in: WzM 53, 2001, 462–481.

Evangelische Spiritualität. Überlegungen und Anstöße zur Neuorientierung, hg. v. der Kirchenkanzlei im Auftrag des Rates der EKD, Gütersloh ²1980.

FISCHER, ULRICH, *Lernen* aus badischer Sicht – gelungene Projekte und Beispiele, in: Aus Fehlern lernen?, 37–42.

FLESSA, STEFFEN, Innovative Theologie – Theologie der *Innovation*, in: Gemeindepflanzung – ein Modell für die Kirche der Zukunft? hg. v. Matthias Bartels u. a. (BEG 4), Neukirchen-Vluyn 2006, 154–183.

FOITZIK, KARL, *Mitarbeit* in Kirche und Gemeinde. Grundlagen, Didaktik, Arbeitsfelder, Stuttgart u. a. 1998.

FRETTLÖH, MAGDALENA, Theologie des *Segens*. Biblische und dogmatische Wahrnehmungen, Gütersloh 1998.

FREUD, SIGMUND, Der *Humor* (1927), in: Freud-Studienausgabe Bd 4. Psychologische Schriften, hg. v. Alexander Mitscherlich u. a., Frankfurt am Main 1969–1975, 275–282.

FREUDENBERG, MATTHIAS, Zum *Antworten* geschaffen. Anmerkungen zur Freiheit christlichen Lebens in reformierter Perspektive (Antrittsvorlesung am 8.5.2007 an der Kirchlichen Hochschule in Wuppertal).

GÖSSLER, MARTIN, Die Kunst des *Scheiterns*, in: Organisations-entwicklung, 1/2007, 4–11.

GRÄB, WILHELM, *Lebensgeschichten*, Lebensentwürfe, Sinndeu-tungen. Eine Praktische Theologie gelebter Religion, Güters-loh 1998.

GREINER, DOROTHEA, *Segen* und Segnen. Eine systematisch-theo-logische Grundlegung, Stuttgart u. a. ²1999.

GRETHLEIN, CHRISTIAN, *Gemeindepädagogik*, Berlin u. a. 1994.

GROSS, PETER, Die *Multioptionsgesellschaft*, Frankfurt am Main ⁶1998.

GRÖZINGER, ALBRECHT, *Differenz-Erfahrung*. Seelsorge in der mul-tikulturellen Gesellschaft. Ein Essay (Wechsel-Wirkungen. Trak-tate zur praktischen Theologie und ihren Grundlagen 11), Wal-trop 1995.

GUNDLACH, THIES, Wohin wächst die *Kirche*? Von der Generalzu-ständigkeit zu Zentren gelingender Kirchen, in: PTh 94, 2005, 217–230.

HABERER, TILMANN: Die *Thomasmesse*. Ein Gottesdienst für Ungläubige, Zweifler und andere gute Christen, München 2000.

HANZIG, BARBARA, Art. *Segen*/Segnen, in: Evangelisches Lexikon für Theologie und Gemeinde, hg. v. Helmut Burkhard u. a., Wuppertal u. a., Bd. 3, 1994, 1821–1823.

HÄRLE, WILFRIED, *Dogmatik*, Berlin u. a. 1995.

HASSLINGER, HERBERT, *Lebensort* für alle. Gemeinde neu verste-hen, Düsseldorf 2005.

Heils-Ökonomie? Vom Zusammenwirken von Kirche und Wirt-schaft, hg. v. Daniel Dietzfelbinger u. a. (LLG 12), Gütersloh 2002.

HENDRIKS, JAN, *Gemeinde als Herberge*. Kirche im 21. Jahrhun-dert. Eine konkrete Utopie, Gütersloh 2001.

–, *Gemeinde von morgen* gestalten. Modell und Methode des Ge-meindeaufbaus, Gütersloh 1996.

HERBST, MICHAEL, Missionarischer *Gemeindeaufbau* in der Volks-kirche (Arbeiten zur Theologie 76), Stuttgart ³1993.

HERLYN, OKKO/LAUER, HANS-PETER, *Kirche* in Zeiten des Marktes. Ein Störversuch, Neukirchen-Vluyn 2004.

HEYL, ANDREAS VON, Zwischen *Burnout* und spiritueller Erneue-rung. Studien zum Beruf des evangelischen Pfarrers und der evangelischen Pfarrerin, Frankfurt am Main 2003.

HUBER, WOLFGANG, *Kirche* in der Zeitenwende. Gesellschaftlicher Wandel und Erneuerung der Kirche, Gütersloh 1999 (TB)

HYBELS, BILL, *Mutig führen*. Navigationshilfen für Leiter, Aßlar ³2005.

JÜNGEL, EBERHARD, Das Evangelium von der *Rechtfertigung* des Gottlosen als Zentrum des christlichen Glaubens. Eine theologische Studie in ökumenischer Absicht, Tübingen ²1999.

KAPPAUF, HERBERT, *Wunder* sind möglich. Spontanheilung bei Krebs, Freiburg i. Br. u. a., ³2004.

Kirche der Freiheit. Perspektiven für die evangelische Kirche im 21. Jahrhundert. Ein Impulspapier des Rates der EKD, hg. v. Kirchenamt der EKD, Hannover 2006.

Kirche in Bewegung 1/2004, 3–21 (darin u. a.: Bilz, Johannes: GET – Was ist das? Trainings für Gemeindeentwicklungsteams – ein Gemeindeentwicklungsprojekt, 7f; ders.: GET und die Folgen – eine vorläufige Bilanz, 18–21).

KIRCHHOF, ERNST, Die *Person* des Geistlichen: Der Pastor als geistlicher Mensch, in: Geistlich leben. Spiritualität in Gemeinde und Alltag (Theologische Impulse 15), Witten 2007, 7–29.

KLESSMANN, MICHAEL, *Ärger* und Aggression in der Kirche, Göttingen 1992.

–, Personale Kompetenz im *Pfarramt*. Chancen und Schwierigkeiten eines neuen Ideals, in: Ders.: Pfarrbilder im Wandel. Ein Beruf im Umbruch, Neukirchen-Vluyn 2001, 67–84.

KNIELING, REINER, *Heilende Kräfte* und christlicher Glaube, in: akzente für Theologie und Dienst 101, 2006, 155–164.

–, *Konkurrenz* in der Kirche. Praktisch-theologische Untersuchungen zu einem Tabu, Neukirchen-Vluyn 2006.

–, *Mannsbilder* und Kirchenmänner. Empirische Männerforschung als Anstoß für christliche Theologie und Spiritualität, in: PTh 96, 2007, 443–459.

–, Mit *Scheitern* leben lernen. Auf dem Weg zu einem lebendigen Glauben, Neukirchen-Vluyn 2006.

–, Phantasie für eine *Kirchengestalt der Zukunft*, in: Dein ist die Kraft – Für eine wachsende Kirche. Grundlagen – Perspektiven – Ideen. Dokumentation zum 4. Theologenkongress der Arbeitsgemeinschaft Missionarische Dienste (AMD) in Leipzig, hg. v. Hartmut Bärend u. a., Leipzig u. a. 2007, 142–144.

–, Woher kommt das Öl für die *Leuchtfeuer*? Anmerkungen zum EKD-Impulspapier „Kirche der Freiheit", in: DtPfrBl 106, 2006, 604f.

KRIZ, JÜRGEN, Grundkonzepte der *Psychotherapie*, Weinheim ⁵2001.

KUMLEHN, MARTIN, *Kirche* im Zeitalter der Pluralisierung von Religion. Ein Beitrag zur praktisch-theologischen Kirchentheorie (PThK 1), Gütersloh 2000.

–, *Kirche und* die *Religion* der Menschen. Grundzüge einer praktisch-theologischen Kirchentheorie, in: DtPfrBl 101, 2001, 173–177.

KUNZ-HERZOG, RALPH, Theorie des *Gemeindeaufbaus*. Ekklesiologische, soziologische und frömmigkeitstheoretische Aspekte, Zürich 1997.

KUTTER, PETER, Lösbare, ungelöste und unlösbare *Schuldgeschichten*. Bemerkungen eines Psychoanalytikers zu Schuld, Schuldgefühlen und Verzeihen, in: Das kann ich dir nie verzeihen!? Theologisches und Psychologisches zu Schuld und Vergebung, hg. v. Karin Finsterbusch u. a., Göttingen 1999, 18–33.

LAEPPLE, ULRICH, *Gemeinde als Heil-Land* (Studienbrief „Diakonie 23" der AMD, Arbeitsgemeinschaft Missionarische Dienste), Stuttgart 2005.

LAMMER, KERSTIN, Den *Tod* begreifen. Neue Wege in der Trauerbegleitung, Neukirchen-Vluyn 2003.

–, *Trauer* verstehen. Formen, Erklärungen, Hilfen, Neukirchen-Vluyn 2004.

LINDNER, HERBERT, *Kirche* am Ort: Eine Gemeindetheorie (Praktische Theologie heute, Bd. 16), Stuttgart u. a. 1994.

–, *Kirche* am Ort. Ein Entwicklungsprogramm für Ortsgemeinden, Stuttgart u. a. 2000.

–, *Spiritualität* und Modernität. Das Evangelische München-Programm, in: PTh 86, 1997, 244–264.

LOHFINK, GERHARD, Wie hat Jesus die *Gemeinde* gewollt? Zur gesellschaftlichen Dimension des christlichen Glaubens, Freiburg i. Br. u. a. 1982.

LÜPKE, JOHANNES VON, *Hoffnung* auf das Wort. Eine Meditation zur Einführung in die Lehre von den „letzten Dingen", in: NZSTh 47, 2005, 323–337.

LUTHER, HENNING, *Identität* und Fragment. Praktisch-theologische Überlegungen zur Unabschließbarkeit von Bildungsprozessen, in: Ders.: Religion und Alltag. Bausteine zu einer Praktischen Theologie des Subjekts, Stuttgart 1992, 160–182.

LÜTZ, MANFRED, *Lebenslust*. Wider die Diät-Sadisten, den Gesundheitswahn und den Fitness-Kult, München 2005 (TB).

MENNE, GÜNTER A., *Kurzchronik* eines lehrreichen Scheiterns: ‚misch Dich ein!' – Das Kommunikationsprojekt des Evangelischen Stadtkirchenverbandes Köln 1992/4, in: Aus Fehlern lernen?, 21–30.

MÖLLER, CHRISTIAN, *Der heilsame Riss.* Impulse reformatorischer Spiritualität, Stuttgart 2003.

–, *Spiritualität* – Gestaltwerden christlichen Lebens, in: Das ist christlich. Nachdenken über das Wesen des Christentums, hg. v. W. Härle u. a., Gütersloh 2000, 143–155.

MÖLLER, HEIDI/PFEIFER, MARTINA, Das *Scheitern* von Projekten – Chancen, Herausforderungen und Stolpersteine, in: Organisationsentwicklung, 1/2007, 12–17.

MORGENTHALER, CHRISTOPH, Systemische *Seelsorge.* Impulse der Familien- und Systemtherapie für die kirchliche Praxis, Stuttgart u. a. ²2000.

NÜCHTERN, MICHAEL, Grenzen und Möglichkeiten strategischer *Planung* in der Kirche, in: Aus Fehlern lernen?, 43–45.

NOUWEN, HENRI, Du bist der geliebte *Mensch.* Religiös Leben in einer säkularen Welt, Freiburg i. Br. u. a. 2006 (NA).

Organisationsentwicklung. Zeitschrift für Unternehmensentwicklung und Change Management, 1/2007, Schwerpunktthema: Sinnvoll Scheitern. Wie Organisationen aus Fehlern wirklich lernen.

OTTO, GERT, *Handlungsfelder* der Praktischen Theologie (ders., Praktische Theologie, Bd. 2), München 1988.

PETRY, BERNHARD, *Leiten* in der Ortsgemeinde. Allgemeines Priestertum und kirchliches Amt – Bausteine einer Theologie der Zusammenarbeit (LLG 9), Gütersloh 2001.

PLASS, ADRIAN, *Tagebuch* eines frommen Chaoten, Moers 2007 (NA).

POHL, DIETER, *Konflikte* in der Kirche – kompetent und kreativ lösen, Neukirchen-Vluyn 2003.

POLLACK, DETLEV, Die Selbstorganisationsfähigkeit der evangelischen *Kirche*, in: Gemeindepflanzung – ein Modell für die Kirche der Zukunft?, hg. v. Matthias Barthels u. a. (BEG 4), Neukirchen-Vluyn 2006, 115–124.

Psychologie heute, 1/2004, Titel: Gescheitert? – so nutzen Sie die Chance zum Neubeginn, mit den Beiträgen: Schöner Scheitern: Runter kommen wir immer (Editorial); Die Kunst, „richtig" zu scheitern (Ursula Nuber); „Wer scheitert, löst sich aus dem kognitiven Gefängnis der Vergangenheit" (Ein Gespräch mit Michael Hengl).

RATZMANN, WOLFGANG, Missionarische *Gemeinde.* Ökumenische Impulse für Strukturreformen, Berlin 1980.

ROBINSON, VERA M., Praxishandbuch Therapeutischer *Humor*. Grundlagen und Anwendungen für Pflege- und Gesundheitsberufe, Bern 2002.

ROLOFF, JÜRGEN, Die *Kirche* im Neuen Testament (NTD Ergänzungsreihe 10), Göttingen 1993.

ROOSEN, RUDOLF, Die *Kirchengemeinde* – Sozialsystem im Wandel. Analysen und Anregungen für die Reform der evangelischen Gemeindearbeit (APrTh 9), Berlin u. a. 1997.

RUDDAT, GÜNTER, *Behinderte*, in: Gemeindepraxis in Grundbegriffen. Ökumenische Orientierungen und Perspektiven, hg. v. Christof Bäumler u. a., Düsseldorf u. a. 1987, 92–105.

–, Inventur der *Gemeindepädagogik*. Oder: Gemeindefest als gemeindepädagogisches Paradigma, in: EvErz 44, 1992, 445–465.

RUSCH, CAROLINE, Der kleine *Lachtherapeut*. Eine Psychologie des Humors. Oder: Was Sie schon immer über das Lachen wissen wollten ..., Stuttgart 2005.

SAUTTER, JENS MARTIN, *Spiritualität* lernen. Glaubenskurse als Einführung in die Gestalt des christlichen Glaubens (BEG 2), Neukirchen-Vluyn 2005.

SCHRÖDER, RICHARD, Im *Kampf* das Gute tun. Die Konkurrenz-Gesellschaft erschwert Gerechtigkeit, in: Evangelische Kommentare 27, 1994, 390–393.

SCHWARZ, FRITZ, Überschaubare *Gemeinde*, Bd. 1: Grundlegendes – ein persönliches Wort an Leute in der Kirche über missionarischen Gemeindeaufbau, Gladbeck ³1982.

–/SCHWARZ, CHRISTIAN A., *Theologie* des Gemeindeaufbaus. Ein Versuch, Neukirchen-Vluyn 1984.

–/SCHWARZ, CHRISTIAN A., Überschaubare *Gemeinde*, Bd. 3: Programm eines neuen Lebensstils. Für Leute, denen Jesus konkurrenzlos wichtig ist, Gladbeck 1982.

–/SUDBRACK, RAINER, Überschaubare *Gemeinde*, Bd. 2: Die Praxis – für Leute, die in der Kirche anpacken wollen, Gladbeck 1980.

SCHWEITZER, FRIEDRICH, *Lebensgeschichte* und Religion. Religiöse Entwicklung und Erziehung im Kindes- und Jugendalter, Gütersloh, ⁵2004.

SEITZ, MANFRED, *Lebenswort*. Erlanger Universitätspredigten. Manfred Seitz zum 60. Geburtstag, hg. v. Wolfgang Bub u. a., Erlangen 1988.

SENNETT, RICHARD, *Civitas*. Die Großstadt und die Kultur des Unterschieds, Frankfurt am Main 1991.

SÖDING, THOMAS, *Blick zurück nach vorn*. Bilder lebendiger Gemeinden im Neuen Testament, Freiburg i. Br. u. a. 1997.

Sozialpsychologie. Ein Handbuch in Grundbegriffen, hg. v. Dieter Frey u. a., München u. a. 1987.

SPANGENBERG, PETER, *Höre* meine Stimme. Alle Psalmen der Bibel übertragen in die Sprache unserer Zeit, Hamburg 1995.

Spirituelles Gemeindemanagement. Chancen – Strategien – Beispiele, hg. v. Hans-Jürgen Abromeit u. a., Göttingen 2001.

STADLER, ARNOLD, „Die *Menschen* lügen. Alle" Und andere Psalmen, Frankfurt am Main u. a. ⁴1999.

STEWART, IAN/JOINES, VANN, Die *Transaktionsanalyse.* Eine Einführung, Freiburg i. Br. u. a. ¹⁷2003.

STUTZ, PIERRE, Du hast mir *Raum* geschaffen. Psalmengebete, München ²1997.

TAUSCH, REINHARD, *Vergeben* – ein bedeutsamer seelischer Vorgang, in: Das kann ich dir nie verzeihen!? Theologisches und Psychologisches zu Schuld und Vergebung, hg. v. Karin Finsterbusch u. a., Göttingen 1999, 39–66.

THIELICKE, HELMUT, Das *Lachen* der Heiligen und der Narren. Nachdenkliches über Witz und Humor, Stuttgart 1988.

TITZE, MICHAEL/ESCHENRÖDER, CHRISTOF T., Therapeutischer *Humor.* Grundlagen und Anwendungen, Frankfurt am Main 1998.

TRENKLE, BERNHARD, Das *Ha-Handbuch* der Psychotherapie. Witze – ganz im Ernst, Heidelberg ⁴1999.

WEERTH, FERDINAND, *Leitfaden* für den Religionsunterricht in den Schulen, in: Reformierte Katechismen aus drei Jahrhunderten, hg. v. Matthias Freudenberg, Rödingen 2005, 45–111.

WESTERMANN, CLAUS, Der *Segen* in der Bibel und im Handeln der Kirche, München 1992 (TB).

WINSNES, OLE GUNNAR, *Verstehen* die Leute, was die Pfarrer predigen? Die Botschaft der Kirche in der heutigen Gesellschaft. Vortrag beim 34. Pastoralkolleg der VELKD, Mariaholm, Norwegen, am 10.9.87.

ZERFASS, ROLF, Menschliche *Seelsorge.* Für eine Spiritualität von Priestern und Laien im Gemeindedienst, Freiburg i. Br. ⁵1991.

ZIMMERMANN, JOHANNES, *Gemeinde* zwischen Sozialität und Individualität. Herausforderungen für den Gemeindeaufbau im Gesellschaftlichen Wandel (BEG 3), Neukirchen-Vluyn 2006.

Zur Entwicklung der Kirchenmitgliedschaft – Aspekte einer missionarischen Doppelstrategie, hg. v. Lutherisches Kirchenamt der VELKD (VELKD-Texte Nr.21), Hannover 1983.